園力アップ Series 1

保護者支援・対応の
ワークとトレーニング

新保庄三 + 田中和子 編著
Shimbo Shozo　Tanaka Kazuko

ひとなる書房

はじめに　プロの保育者になるために

●保護者支援・対応の今

　子どもの保育をしっかりすることでその家庭を支援することになる——これは保育園や幼稚園の役割の基本です。しかし、今は子どもの保育とその家庭を支援すること、特に保護者を支援することを分けて考えなければいけないような事例がどんどん増えてきています。困難をかかえた家庭や保護者が増えてきているのです。また、保育現場からは、保護者の園に対する意識や子育てに関する考えがどんどん変わってきているという声が聞かれるようになって久しいです。いつの間にか「親と保育者の共育て」という言葉があまり聞かれなくなり、代わって「保育サービス」という言葉がどこでも聞かれるようになりました。その変化にあわせるように、保護者からのクレームや困難な対応が増えてきているようにも思えます。

　保育者は子どもの保育のプロではあっても、保護者支援のプロではありません。私は、保育園や幼稚園などには、家族支援カウンセラーなど、専門家を配属するように制度化する必要があると考えています。でも、現実は待っていてくれないわけで、今園で求められていることに対応していかなければなりません。

●親が親になっていくうえで大切な場所

　保育園や幼稚園は今日、「親が親になっていくうえで大切な場所」になっています。子どもを産んだらみんないい親になれるわけではありません。昔から、たくさんの周りの人や地域社会の力や支えを借りて親になってきたのです。今は保育園や幼稚園・こども園などがその代わりになってきつつあります。そうした園の力をつけていく必要があります。この本は、そのための素材の1つとして提案させていただきました。

●プロの保育者とトレーニング

　現代の保護者がどんな願いを持っているのか、どのような困難をかかえているのか、その歴史的・社会的背景なども学んで、保護者理解を確かにすることは、保育のプロとして大事な学びです（この点では、いい本がたくさん出版されていますので、他の本に譲ります）。そのうえで、たとえば、「保護者とのコミュニケーションが要だ」と頭で理解しても、それだけでは、実際にコミュニケーションはとれません。ど

うやったらいいかわからないわけです。保護者支援・対応についてもプロとしてのスキルが必要になるわけです。さいわいにして、私は仕事柄カウンセリングやソーシャルワークを学んだおかげで、そこでの方法論を活用して、保育者に伝えるという仕事をしてきました。そうすると、保育者は保護者対応についても力がついていくのを実感してきました。現場では先輩のやり方から学び、経験を重ねることで次第に身につけていくわけですが、私はそこで、「トレーニング」という方法も必要と考えて提唱しています。本書で紹介する「ワーク」の取り組みもその一貫として考えていただければと思っています。

● 感情労働とストレス解消

　保育の仕事は、看護師や教師、ヘルパーの仕事と並んで「感情労働」と称されます。ものを作ったりする仕事と違って、人間相手の仕事は相手の状況にあわせて自分の感情をコントロールすることが求められます。「イヤだな」「それは許せないな」と思っても、そのままその感情を相手に表明することはできません。強いストレスがついて回る仕事なのです。オンオフの切り替えが大事なのですが、まじめな保育者ほど仕事を終えてまで問題を持ち込み、どんどん疲弊してしまいます。ストレス解消をするためのトレーニングもプロの重要な役割と言えます。

● 本書の特徴と使い方

　本書は保護者支援と対応のあり方を主に学びあっている「子育て支援研究会」に参加する園長先生方とのコラボレーションでつくられました。

　とりあげた事例などは、保育園を舞台にしたものが主となっていますが、幼稚園やこども園などにも活用できるものになっています。また、紹介したワークやトレーニングには、時間や手順が書かれていますが、目安として考えてください。いずれも、私自身が実際に多くの現場に行って研修の際に取り組んで、大きな効果が証明されているものばかりです。また、その時の構成員や場の条件に応じて、時間や手順などをその場でアレンジしていくことで、より充実した結果になっています。

　手始めに、第2部で紹介した「日常的な関係づくりメソッド」から試してみてはいかがでしょうか？　楽しみながら効果が得られるものがたくさん載っています。まずは、興味のあるもの、やりやすいものから、ひとつでも実践してみることをおすすめします。

新保庄三

Contents　保護者支援・対応のワークとトレーニング

はじめに　2

第1部　保護者理解と支援の**キホン**　9

ウォーミングアップ　「あなたなら、どう対応しますか？」　10

事例1● かみつきの後　10
Advice　今までの経験に頼りすぎない　11
事例2● 午睡をめぐるやり取り　12
Advice　「子どものために」はケースバイケースで　13
事例3● 両親間のトラブル　14
Advice　園は介入せず、冷静に　15
　　　　ポイント講座　16

1　保護者支援・対応　3つの「キホン」　17

1　園は親が育つ場所　17
2　保護者対応にベストな対応はない　20
3　保護者対応の問題が起きていない園はない　21
　　グループワークってなあに　22

2　支援の視点と対応のポイント　24

視点　支援のケースは大きく3タイプ　24
対応　支援のプロになる3つの対応ポイント　25
　対応ポイント①　問題を全員で共有する　25
　　Lesson 1　こんなときどうする？　26
　　　Advice 1　保護者支援担当を優先させるチーム力を　26

　　　対応ポイント②　要求にこたえるのではなく、気持ちにこたえる　27
　　　　Lesson 2　何がよくなかったのでしょう？　27
　　　　Advice 2　解決を急がず、まずは気持ちを受け止める対応を　28
　　　　Lesson 3　園としてどう対応しますか？　28
　　　　Advice 3　根気強く聞き取る、言いきってもらう余裕をもつ　29
　　　対応ポイント③　子どもの話をしない　30
　　　　Lesson 4　どう答えますか？　31
　　　　Advice 4　「急がば回れ」を忘れずに　31

3　ジェノグラム（家族図）の活用　32

　　実践事例●作成にあたっての聞き取り　33
　　ジェノグラムを作ってみよう　34
　　実践事例●ジェノグラムを使った園内研修　37
　　実践事例●ジェノグラムの作成事例　40
　　ジェノグラムを活用しよう　42

第2部　日常的な関係づくりメソッド　45

1　プロのテクニックとトレーニング方法　46

　　テクニック1　自己開示　46
　　　ワーク　職員間で自己開示体験の機会を作る　47
　　テクニック2　リフレーミング　48
　　　トレーニング　短所を長所に言い換えてみる　49
　　　実践事例●映像を見てトレーニング　50
　　　Lesson 1　どちらがベター？　50
　　　Advice　子どもの願いを言葉にして　51
　　　プチワーク　Let's　リフレーミング　51

Contents　保護者支援・対応のワークとトレーニング

2 コミュニケーション　土台作りのポイント　52

ポイント①　朝夕のあいさつは丁寧に　52
　オススメワーク　あいさつのワーク　54
　プラスワン　あいさつのアレンジアイディア　56
　事例●抱きしめてほしかったお母さん　57
ポイント②　保護者を主役にする誕生日イベントを企画する　58
　事例●花束とワッフル　58
　事例●緊張から解き放たれた瞬間　59
ポイント③　双方向のキャッチボールを大事に　60
　事例●例年とは違った生活発表会　60
ポイント④　個人面談後の気配りを　61
ポイント⑤　保育参加＆保育参観を有効活用　62
　事例●慣らし保育で保育参加　62
　事例●参加か参観を選ぶ　63
ポイント⑥　電話でのマナーを知る　64
　事例●冷静に穏やかに対応　65
ポイント⑦　連絡帳の意義を再確認　66
　トレーニング　連絡帳を読み合う　66

3 懇談会＆保護者会　盛り上げアイディア　67

アイディア❶　子どもの名前の由来　68
アイディア❷　子どものよいところ紹介　69
アイディア❸　質問じゃんけん　70
アイディア❹　他者紹介　71
アイディア❺　ブックリストの交換　72
アイディア❻　これは誰の手？　74
アイディア❼　ストレス解消法の紹介　75
アイディア❽　褒め合いゲーム　76

4 保育者のストレス解消のコツ 78

ポイント① 笑顔を意識する 78
ポイント② 深呼吸をする 79
ポイント③ ストレスを翌日に持ち越さない 80
　オススメワーク 職場でできるストレス解消法 80
　新人保育者を支える 82

第3部　トラブルを大きくしない対処の方程式 83

1 トラブルに備えたワークとトレーニング 84

ワーク1　やさしく相手に伝える技法「20の1」 84
ワーク2　15分あればできる「ぐちトーク」 86
ワーク3　コミュ力を鍛える「失敗トーク」 87
ワーク4　多様な視点から問題をとらえ直す「ロールプレイ」 88
　実践事例●ロールプレイ：お迎え時の母親とのトラブル 89
　実践事例●ロールプレイ：電話応対 92
トレーニング　定期的に行える「問題検討会」 93

2 クレーム初期対応のポイント 94

心構え／対応の基本 94
　Advice　話を聞くときに陥りやすいこと 95
事例1●「反論」は「クレーム」を育てる 96
事例2●誤解を生んだアプローチ 97
事例3●対応の中味を公開する 98
事例4●初期対応を誤らないための面談 99
事例5●専門家の協力で「相談室」を設ける 100

Contents　保護者支援・対応のワークとトレーニング

３　小さな事故（けが）の初期対応　102

対応の基本　102
ここがポイント　103
実践事例●けがや事故が起きたときの記録　104
事例から学ぶ初期対応のポイント　106

４　自園での対処の方程式をつくる　107

問題を整理できる「対応策を考えるシート」　108
活用事例１　運動会の開催をめぐるやり取り　110
活用事例２　アトピー性皮膚炎への見解の違い　111
応用　Ｃ案がいろいろ出た場合　112
活用事例３　父母会主催の行事でのトラブル　112
実例紹介①　114
実例紹介②　115
実例紹介③　116

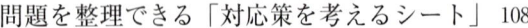

資料　虐待対応の基本　117

虐待のサインに気づく　117
保育園における虐待対応の留意点　119
記録をとる　121

まとめにかえて　124
おわりに　127

＊本書に掲載した「実践事例」や「事例」などについては、掲載にあたりプライバシーに配慮して、個人を特定する事実関係は一部変更・割愛しています。また適宜要約・編集しています。

第 1 部

保護者理解と支援のキホン

　保護者からのクレームはどんなきっかけで起きるのでしょうか？ トラブルにまでこじらせないためには、どんな対応が大切になるのでしょうか？　キホンは「保育の前に保護者の気持ちを聴き取る」こと、そして、ジェノグラム（家族図）などを活用して、それぞれの保護者に必要な支援を「見える化」することです。プロの保育者には「醒めた頭」が大切です。

ウォーミングアップ
「あなたなら、どう対応しますか？」

　今、保育者には、「子どもの保育のプロ」という役割だけではなく、在園児の保護者に対する支援や地域の子育て家庭への支援について、専門性を生かした支援の役割が求められています。そして、多くの保育園や幼稚園が一人ひとりの保護者への支援を含めた対応に「苦い経験」をもち、今も苦慮している現実があります。ここに3つの事例を紹介します。あなたなら、どう対応しますか。

事例1　かみつきの後

　かんだ子の保護者から、相手の保護者に謝罪の電話を入れたいという申し出がありました。あなたなら、どうしますか？

A
子ども同士のトラブルについては、規則として、保護者同士の直接のやり取りは控えてもらっていると、やんわり断る。

B
相手の連絡先を伝える。

C
謝りたいという申し出があったことをかまれた子の保護者に伝え、連絡先を教えてよいか確認を取る。

Advice　今までの経験に頼りすぎない

　かみつきなどのトラブルに対する対応は園によって違うので、この３つの対応もあくまで一例です。前提として、かまれた子の親に園としてそのときの状況を伝えながら、今後十分気をつけて保育することを話し、理解してもらうやり取りがあります。そのうえで、事例のような申し出にどう答えるかを考えてみましょう。

　Aの対応は、理屈が通っているような印象がありますが、「謝りたい」と思った保護者にしてみれば、自分の思いを無視されたと受け取るかもしれません。Bは、言うまでもなく、個人情報の保護という観点で、対応が早計すぎます。了解をとってから連絡先などを相手に伝えることは、こういうトラブルに関する場面に限らず、今や、「常識」です。ですので、この中であれば、Cの対応がベターですが、これは、個人情報の保護という視点からだけではありません。かんだ子の保護者に思いがあるように、かまれた子の保護者にも思いがあります。とてもショックで、気持ちが落ち着くまでやり取りをしたくないと思っているかもしれません。申し出があった保護者の気持ちだけではなく、相手の気持ちにも配慮して、単に「確認をとる」というだけではないアプローチが求められるでしょう。

　保育中のかみつきに関する保護者とのやり取りは昔からありましたが、昔と今では保護者のとらえ方に大きな隔たりがあります。長年の経験に頼ることなく、その都度、新しい経験として、対応する心がまえが大事でしょう。

事例2　午睡をめぐるやり取り

　幼児クラスの保護者から、「夜、なかなか子どもが寝ないのは午睡のせいではないか。眠くないのに、無理やり寝かせる午睡はいかがなものか」という意見が寄せられました。あなたならどう対応しますか。

A	B	C
昼食後、午睡を取ることは子どものために大事なことと突っぱねる。	眠らなくてもいいので、静かに横になるというのはどうかと提案する。	保護者の希望に応じて、午睡をやめてみる。

Advice 「子どものために」はケースバイケースで

　保育者は、いつも子どもの利益を最優先に考えています。でも、事例のように訴える保護者に、Aのように「子どもの成長には午睡は必要な休息」と一方的に上から目線で対応すると、保護者は「わからない親」と評価されたような印象をもつかもしれません。とはいうものの、生活リズムの形成は乳幼児期の成長にとって重要なことです。なぜ重要なのか、午睡の必要性を保護者が理解できるように、看護師とも連携して体の育ちを丁寧に伝え、一緒に子どもを育てていく関係性をはぐくむことを目ざしたいものです。できれば園の方針としてしっかり話し合いをしておくと、誰でも同じ対応ができます。そのうえで一人ひとりの保護者に合った対応を考えることが、丁寧だと思います。この事例の保護者が、どういう思いで午睡に関する要望を出したのか、もう少し話を聞いてみる必要はありますが、保護者支援には、子どもを保育することがそのまま保護者支援につながるケースもあれば、一時的に子どもの保育と保護者支援を分けて考えなくてはいけないケースもあります（24ページ参照）。その意味では、BあるいはCと対応が分かれるかもしれません。

　これは、決して、保護者の要望を優先させるということではありません。保護者対応の主導権をもつのは、園です。集団で一緒に過ごしている環境の中で、園は一人ひとりの子どもの健康を保障していく責務があります。園で過ごす時間が一様ではなくなり、一斉に同じ時間に入眠することは難しい場合も考えられます。時間をずらすなどの工夫をしながら、午睡のとり方について保護者と共通認識が図れるよう、長い目でのやり取りが求められます。

事例3　両親間のトラブル

　両親の離婚調停中に、子どもの母親から「別居している夫が子どもに会いたいと園に来ても、会わせないでほしい」という要望が寄せられました。あなたなら、どうこたえますか。

A
どういう状況なのか、母親からあらましの状況を聞いた上で、要望にこたえるようにする。

B
園はそういうことには介入しないという不介入の立場を説明する。

C
母親に要望を書面にしたものを提出してもらい、園としては、父親が来た場合は預かった要望書を見せるだけの仲介的な役割に徹するという考えを説明する。

Advice　園は介入せず、冷静に

　園は、社会の縮図です。いろいろな事情の保護者が利用しています。同じように映る一人親家庭も、離婚が成立しているケースから、離婚調停中で親権を争っているケース、配偶者のDVから逃れているケースなど、さまざまです。そして、事例のようなケースは、残念ながら増えているのが現状です。そのため、園のスタンスを明確にし、職員間で共通認識を図っておく必要があります。

　保護者にどういう事情があれ、原則として、園は不介入です。心情的に励ましたい思いがあっても、冷静に対応する勇気をもちましょう。

　とはいうものの、否応なしに巻き込まれていくこともあるでしょう。やり取りには配慮が必要です。たとえば、事例の母親が、日常的に送り迎えをしていて、先に要望を言ってきたのであれば、その内容を文書で提出してもらいます。離婚調停後の場合は必ず文書を交わしているので見せていただき、「よろしかったらコピーをとらせてください」と言うこともできます。これは、後で「言った、言わない」というトラブルに園が巻き込まれない予防策として、とても大事なことです。でも、それは、園が母親のほうにつくということではありません。Cにあるように、文書の要望を提出してもらった上で、もし、別居中の父親が子どもに会いにきたとき、園としてどう対応するかを説明する必要があります。ここで、間違いやすいのが、母親から預かっている文書を提示して、「こういう要望が寄せられているので、会わすことができない」と対応してしまうことです。

　では、どうすればいいか。たとえば、「お母さんからの要望書を預かっていますが、園としては判断できないので、ご両親で話し合われたことを園に伝えてください。できれば文書でいただけると助かります」など、園としては「不介入」の立場であることを伝えましょう。また、こういう対応は、1対1で行わず、園側は複数で対応するというようなことも必要です。いずれにしても、両親や親族間のトラブルに対して、園は是非を判断したり、介入したりしてはいけないことを知識としてもっておきましょう。両親には弁護士や調停員の判断を仰ぐことをすすめます。

ポイント講座

3つの事例から見える保護者支援の問題点

　ウォーミングアップで紹介した3つの事例は、現代の保護者支援を象徴する事例です。そして、この3つの事例に、多くの園や保育者が「そんなつもりはなかった」「こんなはずではなかった」と感じる問題点が潜んでいます。本書で、保護者支援の「キホン」を作っていく初めの一歩として、現代の保護者支援に潜む問題点を押さえておきましょう。

❶ベテラン保育者が起こしやすい対応トラブル

　事例1のようなかみつきやひっかきなどのトラブルは、子ども同士の間では昔からある、いわば、成長するプロセスです。ベテラン保育者になれば、こうしたトラブルでの対応例もたくさんもっているでしょう。

　ところが、子ども同士のトラブルは昔と変わらなくても、保護者の考え方や感じ方は、昔とは違います。その象徴的な例の一つとして、特に女の子がかまれた場合、父親が園に抗議してくるケースが増えています。また、お迎えが祖父母の場合、母親に一言電話を入れる配慮が必要なケースもあります。昔からの対応（経験）に頼っているとトラブルになりやすいことを覚えておきましょう。

❷熱心な保育者が陥りやすい「誤解」

　保育者は、子どもを保育する専門家です。子どもの人権を守り、健康的な生活を保障していかなくてはなりません。保護者に対しても、常にそのことを伝えながら、ともに育てるという思いが強いです。その思いが、ときに、保護者に対して「子どもために」という上から目線の強い話し方になってしまい、保護者には伝わらないことがあるようです。

❸善意がトラブルを大きくすることも

　昨今、さまざまな事情の家庭が増えています。園としては、悩んでいる保護者をなんとか励まし、元気に子育てしてほしいとの思いから、保護者に寄り添おうとします。でも、状況によっては、園の善意があだになる場合もあります。そして、案外、このケースで悩んでいる園が多いのです。保護者支援には、熱い思いと冷静な判断が必要です。そのうえで、的確に使い分けることも必要なのです。

保護者支援・対応 1 3つの「キホン」

　保護者支援の基本的な考えは3つあります。保護者対応の事例は一つひとつ違いますが、どんな事例であっても、「キホン」を意識してとらえていくことが「トラブルに振り回されない」対応につながります。

① 園は親が育つ場所

　いろいろな物がたやすく手に入る現代では、親になることも簡単だと思っている人たちが少なくありません。昔は、腹帯の材料を提供する帯親、生まれてきた子どもに名前をつける名付け親など、妊娠したときからさまざまな場面でいろいろな仮親が若い親を支え親になるための「親教育」の文化がありました。地域社会の見守りも健在でした。互いに支え合いながら子どもを育て、生活してきたのです。ところが、今は、子育てをする夫婦の近くに、祖父母の姿や協力者がいない家庭が多くなり、子どもを取り巻く人間関係が希薄になりがちです。

　こうした現実を踏まえて、園は、子どもの育ちを支えるだけではなく、親が親として育つことを支える役割もあることを明確に意識しておく必要があります。特に、支えが必要かもしれないと感じる保護者ほど、第三者からのフォローを拒否する傾向があり、そんな保護者に「やってあげる」という上から目線でかかわろうとしたら、そこで関係は終わってしまいます。では、どうかかわればいいのでしょうか。保護者支援をする人には次の3つの力が必要です。

❶コミュニケーション力

　コミュニケーションは、「言葉のやり取り」だけではありません。わかり合い、共感し合う力が求められます。けれども、園長から「保護者にはこういう対応を」という指導を受けても、具体的にどうしたらいいかわからない保育者が増えています。残念なことに、支援が必要な保護者もまた、コミュニケーション力が高くない人が多いため、なかなか気持ちのキャッチボールが続きません。コミュニケーション力を高めるためには意識的な努力が必要です。

　日々の保育の中での子どもの様子をタイムリーに伝えたり、先輩の保護者への接し方を見て学ぶなど、毎日毎日の積み重ねが保護者との関係を豊かにします。〇〇さんが迎えに来たら△△の話をしようと思うようになったら、保護者対応は楽しくなります。

保育者もコミュニケーション力を高めよう

❷チーム力

　保育をチームで行うように、子育て支援もチームで行います。園長や主任、あるいは担任だけに任せるのがいちばん下手なやり方です。問題の大きさに関係なくみんなで共有することが、最初の1歩です。もちろん、担当は決めましょう。担任が複数で重いトラブルの場合は、保護者担当と子どもの担当を分けるのも1つの方法です。

　担任間で対応に困ったときは、主任や園長の出番です。担任が保育と難しい保護者対応の両方を背負うと、どちらとも崩れてしまいかねません。トラブルが落ち着いてきたら、再び対応を担任に戻すこともあります。戻した上で、園長や主任が支えるのです。

＊チーム力を高めるのに有効な、グループワークについて22ページで紹介しています。

❸お互いに学び合う力

カナダ、ニュージーランド、フィンランドなどの子育て支援先進国では、「子育て支援は、当事者と援助者が互いに学び合うもの」というのが基本的な姿勢です。「教える」というのは、知っている人が知らない人に知識などを与えることですが、「学び合う」のであれば、誰からでも学べます。

ちょっと心配な保護者に私たちがすべきことは、その方から1つでも2つでも学ぶことです。ある保育園で対応に困っていた保護者のカウンセリングをしたときのことです。「すごいなあ。私がもしあなただったら自殺してたよ。よく生きてきたね。お母さんすごいなぁ」と言ったとたんに、そのお母さんがワーッと泣き出したのです。どこへ行ってもダメなお母さんだと言われ続けて、それが「お母さんすごいなぁ」と言われたとたんに鎧が脱げたのでしょう。

ところが、日本では、「互いに教え合う」のが主流です。そのため、保護者にも「教えなくちゃ」と思っている保育者がいますがこれは間違いです。

若い保育者が、保護者の抱える悩みに対して具体的なアドバイスができなくてもかまわないのです。保護者の心の声を真摯に聴き取ろうとする姿勢があればじゅうぶんです。保護者にとって、保育者は指導者ではなく、伴走者です。つまり、寄り添って自分を受け入れてくれる人であり、その上で自分と一緒に子どものことを考えてくれる人なのです。自分とは違う人生を歩んでいる、違う考えや悩みを持って生きている……その人らしさを知ることから学び合いがはじまるのです。

2 保護者対応にベストな対応はない

保護者対応で問題が起きると、何とか解決しようとするやり取りが、かえって問題を大きくしてしまう事があります。問題が起きたら、まず沈静化させ、収めようとすることが大事です。最初からベストを求めず、ベターな対応を積み重ねていくことが、結果的にベストな対応に近づくことになります。では、ベターな対応に求められるのは、なんでしょう？それは、「醒めた頭」です。保護者対応の主導権を握るのは保育者であり、園ですが、主役は保護者です。きつい言葉とは裏腹につらい思いをかかえている保護者もいます。保護者が何を悩み、求めているのかを理解し、整理していくには、「醒めた頭」が必要です。そして、そのためにはトレーニングが大事なのです。

一方で、日頃からルールを守らなかったり、園からの連絡事項を忘れたり、何かにつけ保育者にきつくあたったり……困る、気になる姿が目立つ保護者がいます。保育者からすると、あれも言いたい、ここも直してほしいと感情的に思ってしまいがちですが、人は何もかもいっぺんに変われるものではありません。とりあえず、これだけは変えて欲しいということを1つだけ決めて、そこに絞って粘り強く働きかけていく「醒めた頭」がここでも必要です。

＊具体的な方法を84ページ（ワーク 「20の1」）で紹介しています。

3 保護者対応の問題が起きていない園はない

　保護者対応で問題が起きると、自分の保育実践に問題があったと思う保育者が多いですが、そうではありません。問題が起きたときの初期対応にその原因が潜んでいるのです。一言で言えば、聞き込み不足であり、話し込み不足です。問題が大きくなってしまったとき、保育者は指摘されるまでもなく、「もう少ししっかり聞いておけばよかった」「もっと丁寧に話しておけばよかった」と実感しています。でも、そうした時間を取ることが難しいのが現実です。ではどうすればいいか。日ごろから柔軟に対応するためのトレーニングをしておくことが必要です。

　また、問題が起きたとき、まずは、自分たち（担任）だけでこの問題に対応できるかどうかを判断し、難しいと感じたら時間をおかずに園全体での対応に引き継いでもらうといったやり取りも大事です。園でも難しいときは、関係機関と連絡を取り、場合によっては第三者のアドバイスを受ける方法を選択することも必要でしょう。

　保護者対応で問題が起きていない園はありません。なぜなら、どの園にも、支えを必要とする家庭が必ずあるからです。園は、いろいろなことを乗り越えていく力が弱い家庭をどう支えていくかを常に考えていくべきです。問題が起きることを恐れるのではなく、専門性の高い対応ができるプロになるための土台を作っていきましょう。

グループワークってなあに

　本書に出てくるワークの取り組み方についてもそうですが、問題に対処する方法として、グループワークの手法を心得ていることはとても有効です。職員のチーム力も向上し、園の力量アップにもつながります。

　まず、4〜5人で1つのグループをつくり、今、園の中で起きている課題や問題を取り上げて話し合います。このグループワークの目的は、参加者全員が自分の意見をしっかり伝えることと、参加した人たちが、自分の中で得た気づきを大切にするということです。ですから、共通の正解はありません。正解はそれぞれの参加者が自分のものとして得ていくことが大切なのです。

●グループワークのよいところ

　少人数なので、よほどのことがないかぎり、全員が話し合いに参加し、自分の意見が言えるということです。ただし、話すことを強制してはいけません。参加者全員が居心地のよい状態で自分の意見をしっかり言えることが大切なので、相手の意見に対しての批判や非難はしないようにします。

●どんなふうに進めるか

①まず初めにグループ論議を進める人（ファシリテーター）と、そこで出た意見を発表する人を決めます。（全体を仕切るのはその日の会の司会者ですが、グループごとに発表が必要なときには、決めておきます。）

②時間を決め、ファシリテーターは、本人が話したくないと言わないかぎりは、全員が話せるように気配りをします。

③終了5分前にそこで出た意見をまとめます。これはあくまでも報告のためです。前述のとおり正解はないので、どんな意見でもしっかりまとめて発表するようにします。

④各グループの意見を発表します。

●実践と感想　　（テーマ：子ども達の環境設定について）

　「園庭にどのようなものを作ったら子ども達の遊びが広がるのかを考える」

　木のブランコ・タイヤを置く・伐採した木（丸太）を使ってテーブルや椅子を作る、などの意見が出る。木を使うというアイディアから「今あそこに大きな木があるからそれを使ってみてはどうか」「テーブルや椅子が出来上がったらままごと遊びなどが広がっていくね」と、話が広がっていった。

<感想>

　少人数になることで、自分の考えを発言しやすく、15〜20分ほどの短い時間であってもいろいろな意見を出し合うことができたと感じた。

　また、自分には思いつかなかった方法やアイディアを知ることができたり、1人の発言からそれを実現するにはどうしたらいいかを深く掘り下げて具体的になっていき、自分の発言をしっかりと相手に聞いてもらえることで、自分も相手の意見にしっかり耳を傾けることができた。

　　　　　　　　　　　　＊　　　＊　　　＊

　では、次の例題でグループワークの進め方を実際に体験してみましょう。

例題　保護者支援をするうえで大切なこと

やり方　　　　　　　　（30〜40分）

（1）4〜6人くらいで1グループを作る。グループ分けは、生まれ月別、世代別など適当に。

（2）白紙のカードを1人に10枚ずつ作る。予備としてもう2枚ずつくらい人数分用意しておく。

＊白紙のカードの代わりに図のような表でもOK。

（3）保護者支援をする人にとって大切なことは何か、1枚のカードに1つずつ書いて、順位をつける。上げるものは最大10個。表の場合は、1マスに1つかき込み、1位、2位…と順位をつける。

（4）それぞれがつけた順位についてグループで話し合い、さらにグループとして、「大切なこと」を整理し、順位をつける。

（5）グループでの順番をつけ終えたら、全体で発表し、振り返りをする。

2 支援の視点と対応のポイント

　保護者支援において保育者に求められる対応はどんなことでしょうか。昔から保育者はていねいに対応してきたという声もありますが、昔にはなかった対応のポイントがあります。昨今の保護者支援の大事な視点と、対応の具体的なポイントを改めて押さえておきましょう。

視点　支援のケースは大きく3タイプ

　一言で「支援」といっても、実はその内容は1種類ではありません。支援する家庭が抱える課題によって、支援の姿も下のＡＢＣのように変わってきます。

A 子どもを保育することがそのまま家庭を支援することになるケース

B 子どもの保育をするだけではなく、保護者にも何らかの支援プログラムが必要なケース

C 子どもの保育と保護者の支援を分けて考えなければいけないケース

●支援は5パターン

　従来の支援の内容と考えられているＡのケースが多い園と、保育とは分けて考える必要があるＣのケースが多い園では、保護者支援のポイントも変わってきます。今日では、ＢのケースやＣのケースの家庭が次第に増える傾向にあります。自分の園がどのようなパターンなのかを知っておく必要があります。

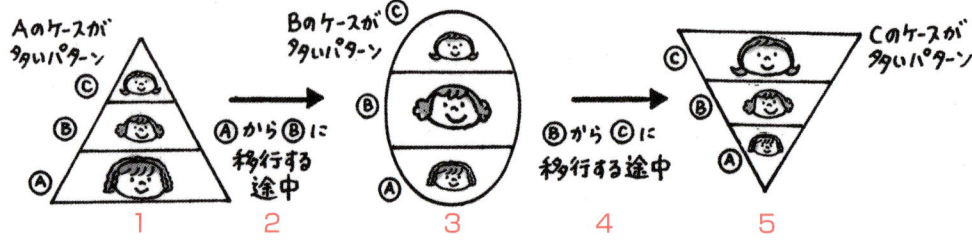

対応　支援のプロになる3つの対応ポイント

保護者支援に求められる対応ポイントは大きく3つあります。具体的な場面をイメージしながら、詳しく学んでいきましょう。

対応ポイント① 問題を全員で共有する

18ページで「保護者支援をする人に必要な力」として、チーム力について解説したとおり、チーム力を発揮するためには、まずは園で起きている問題を園の職員全員で共有することが大事です。共有するための具体的なポイントは以下の通りです。

❶ 担当者を決める

共有するからといって、常に全員参加で協議をする必要はありません。一通りの情報を何らかの形で共有した上で、その保護者の支援担当を決めます。この担当は保育者とは限りません。実際、園の用務員さんがいちばん当の保護者とやり取りをしているということで、その方が担当した例もあります。

❷ 副担当を決める

担当を決め、さらに、この担当が休んだときの担当（副担当）も決めます。この二人の間では、常に情報を更新しておく必要があります。

❸ 支援担当者の「担当」を決める

この場合の「担当」とは、保護者の支援担当者の心のケアをする人です。心のケアとは、悩みを聞いたり、相談に乗ったりすることではありません。その人のことをいつも気にかけて、「先生、最近どう？」とか「先生、大変ね」と言葉をかけることです。一言、声をかけられるだけで、人は「支え」を感じ、救われるのです。

❹ ほかの職員は知っていて知らんふりをする

ほかの職員は、知らないふりをしながら、元気な声でその保護者に「○○ちゃんのお母さん、おはようございます」と丁寧に声をかけていきます。精神的に追い詰められている保護者は、こうした機微に大変敏感です。園全体で気にかけてくれていることを感じ取ります。

Lesson 1　　こんなときどうする？

　Aちゃんの保護者（園として対応に配慮していた）が夕方、「話がある」とB先生に声をかけました。B先生はAちゃんの保護者の支援担当です。ところが、その日、B先生は遅番シフトでした。Aちゃんの保護者が声をかけたのは、そろそろ延長保育が始まるという時刻でした。どうすればいいでしょう？

Advice 1　保護者支援担当を優先させるチーム力を

　園によって、さまざまな事情がありますが、大事なことは、園長をはじめとするB先生以外の職員が、支援担当の仕事を優先できるようにすることです。こういう場面で気をつけたいことは、遅番が気になって、一応保護者の話を聞いてはいるものの、どこか「心ここにあらず」といった雰囲気を出してしまうことです。ひどいときには、同僚に向けて、「わたし、遅番なんだけど」と声をかけることもあり、こういう対応が保護者の心証を悪くし、問題を大きくすることがあります。

　園長や主任は、ほかの職員に遅番を替わってもらうようにして、担当の仕事を優先できるように配慮する必要があります。ずっとでなくてもいいのです。15分でもいいのです。そうすれば、B先生は「お母さん、今日は遅番で入らないといけない日だけど、15分だけほかの人に替わってもらえたから、今、15分だけ話を聞かせて。続きは明日必ず聞くから」と対応できます。支援を優先させるチーム力が保護者の気持ちを和らげるだけではなく、B先生を励ますことにもつながるのです。

対応ポイント② 要求にこたえるのではなく、気持ちにこたえる

21ページの「保護者対応の問題が起きていない園はない」でふれたように、トラブルに発展する要因は初期対応にあるのですが、それは、すぐに「こたえる」ことではありません。まじめな保育者ほど、保護者の訴えを受けると、その場で回答しようとします。でも、まずは、相手に言いたいことを言いきってもらうことが必要です。そのうえで、少しでも判断に迷うようなら、少し時間をおけるかどうか、タイムラグを作れるかどうかが、大きなカギとなります。なぜなら、大事なことは、要求にこたえることではなくて、まずは、訴えてくる保護者の気持ちにこたえることだからです。

Lesson 2　何がよくなかったのでしょう？

4歳女児の父親が夕方迎えに来て、遅番の保育者に「最近、うちの娘がクラスの男の子に抱きつかれたり、キスされたりしているらしいが、園は何をやっているんだ」と訴えました。翌朝、いつもより40分ほど早く登園してきた父親と子どもを迎えたのは、間の悪いことにその日早番で前日の夕方の出来事を知らない4歳児クラスの担任でした。父親から「あの件はどうなった」と聞かれても、夕べの今朝でこたえられませんでした。でも、感情的になっている父親は「なんで聞いていないんだ」と激高します。その後、抱きついているという男の子が母親と登園してきたので、担任は母親に「実は…」と話をしてしまいました。そして、翌日、母親から「うちの子に聞いたけれど、そんなことはしていないって言ってます」と言われ、どうにも収拾がつかないトラブルに発展してしまいました。一体、何がよくなかったのでしょう？

Advice 2　解決を急がず、まずは気持ちを受け止める対応を

　この事例では、遅番が受けた父親からの訴えが早番に伝わるように連携されていなかったことがまず問題です。たとえば、遅番のときに起きたことを翌日の早番に伝わるようにノートを作っておくとか、ケースによっては園長に電話で伝えたり、早番に事前に伝えておけば、朝、父親への向き合い方が変わっていたはずです。

　そうした連携ができていなかったとしても、女の子の父親から訴えられたときに、すぐに対応したのは問題です。父親からの訴えを十分に聞き取った後、「わかりました、園長や主任にも相談したいので、少し時間をもらえないでしょうか」と2〜3日、時間をもらって冷静に対応を考えれば、もっと穏やかに収めることができたのではないでしょうか。男の子のお母さんを追い詰めることもなかったし、この男の子を守ることもできたでしょう。

Lesson 3　園としてどう対応しますか？

　2011年3月11日に起きた東北地方太平洋沖地震での原発事故をきっかけにして、都内のある保育園の園児の父親が、放射能の影響に敏感になり、園で出される給食や水、またよくあそびに行く公園の砂場の放射線量などについて、神経質なくらい園長に聞いてくるようになりました。一つ答えれば、また一つといった具合に、「教えろ」という要求はエスカレートしていきました。園としてはどうしますか？

Advice 3 　根気強く聞き取る、言いきってもらう余裕をもつ

　この父親は本当に数値を知りたいのでしょうか。このとき対応した園長は、即答を避けて、ただただ保護者の話をじっと聞きました。いろいろ聞いているうちに、その父親が、子どものときに自分の父親から暴力を受けていたことがわかりました。そして、自分が父親になったら、子どもに対していい父親になりたいと思ったことや、地震の後、放射能から子どもを守るために、本当は九州に引っ越ししたいと思ったことなどもわかってきました。

　この父親は、本当は安全な場所に引っ越したいのに、自分に甲斐性がなくてそうはできないことにいらだち、子どもの将来に不安を感じていたのです。そこで、園長は、「そうした不安は園ももっている」とじっくり話をすることで、父親と共感し合う関係を作ることができました。もし、あわてて父親の要求にこたえても、父親の不安が晴れることはなかったでしょう。

　相手のイライラしたペースにあわてたり、巻き込まれたりしないように気をつけて、根気強く言い分を聴きとる余裕をもとうとすることで、やり取りの方向性は変わってきます。

対応ポイント③　子どもの話をしない

　24ページで支援のパターンはAのケースが多い、Bが多い、Cが多い、そしてその移行中の5パターンあることを紹介しましたが、残念ながら、現状では、「子どもの保育と保護者支援を別にしなくてはいけない」Cのケースが増えています。様々な困難で自分のことに手いっぱいになっている保護者とは、子どもの話をしません。「髪を切ったのですね。元気な感じでいいですね」「お母さん、その服すてきね、どこで買ったの？」など、母親自身の話題だけでコミュニケーションをとります。

　なぜなら、こうした保護者は、子どものことよりも自分のことを聞いてほしいという思いをもっているからです。ところが、そういう保護者の子どもに限って、保育者はいろいろ気になることもあり、子どもの話をしたいのです。でも、ここで子どもの話をするのは、保護者支援のやり方としてはNGです。だいたいめどがつくのは6か月くらいですが、じっくり関係性を築くことを優先させましょう。あせりは禁物です。まずは、保護者が「この先生はわたしのことをちゃんと受け止めてくれている」「この園はわたしの気持ちを引き受けてくれている」と感じることが先です。このハードルを越えた後、「お母さん、Aちゃんにこういうことしてもらえるかな」と言える関係になるのです。

実践コメント

　2歳と3歳の子を育てるお母さん。2人の子どもに関心を示さず、保育者が園での子どものようすを伝えても表情一つ変えません。保護者会にも参加しないので、どのようにコミュニケーションをとっていけばいいのか、保育者は悩んでいました。まずは、子どものことを介さず、母親自身との関係作りを優先しようと、どんなテレビ番組を見ているのかさりげなく聞いて関心事を探ったり、おしゃれをしているときは少し大げさにほめたりしてみました。最初は少し怪訝そうなようすでしたが、1か月もすると、お母さんのほうからあいさつをしてくれるようになり、好きな話題は積極的に話してくれるようになりました。

Lesson 4　どう答えますか？

前ページのAちゃんの母親とやり取りしてしばらくすると、母親が「先生、最近うちの子はどう？」と聞いてきました。まだ半年は経過していません。保育者の実感としても、まだコミュニケーションが十分ではないと感じています。さて、どう答えるといいでしょう？

Advice 4　「急がば回れ」を忘れずに

やり取りをしていく中で、こういう質問をするときの保護者の気持ちは、本当に子どものことを聞きたいというよりは、「さて、先生はどう答えるかな」と試してみたい気持ちが強いのです。ですから、まだ十分なやり取りをしていないと思ったら、「Aちゃんね、BちゃんやCちゃんとこういうあそびをしていますよ。お母さんは、最近具合はどうですか」と軽く返して、また保護者の話題に戻せばいいのです。ここであせることはありません。スポーツやテレビ、ファッションなど、保護者が関心をもっていることについて話をしていけばいいのです。

園生活自体は、長い一生のたった6年ですが、その6年間で信頼できる保育者に出会い、保護者の子育て観が少し変わったとしたら、それは子どもの一生に大きくかかわることになります。「急がば回れ」です。思わず子どもの気になる話をしたくなるかもしれませんが、「ちょっと待てよ」と冷静に判断する意識をもちましょう。

3 ジェノグラム（家族図）の活用

　家族背景を理解するための糸口として、また、支援に必要な情報を共有するために活用できるのが、ジェノグラム（家族図）です。もちろん、保護者の同意が得られる範囲で作ります。ジェノグラムの概要や作り方、見方、活用方法などを紹介します。

● **子ども理解、保護者理解と支援につながる有効なツール**

　ジェノグラムとは、対象になる子どもを取り巻く家族の状況や人間関係を図形化したものです。例えば、「支援が必要だな」と感じる家庭のジェノグラムを作ってみると、複雑な家族関係に一つの原因があることがわかったりします。保護者に聞き取りながらジェノグラムを作ってみると、それぞれの家庭にとって適切な支援のキーポイントやキーパーソンが見えてきたり、子どもの気になる様子や発育上の問題を探る上での糸口にもなります。

● **三世代以上**

　家族関係は三世代以上の人間関係を盛り込みます。これは、過去の情報も大事な資源と考えるからです。

● **園外に出さない**

　ジェノグラムは、個人情報の塊です。決して園の外に情報をもらさないように気をつけます。作ったジェノグラムの管理にも、十分な注意が必要です。職員がこの注意点を守れば、情報を共有しても、そのことがプライバシーの侵害に当たることにはなりません。

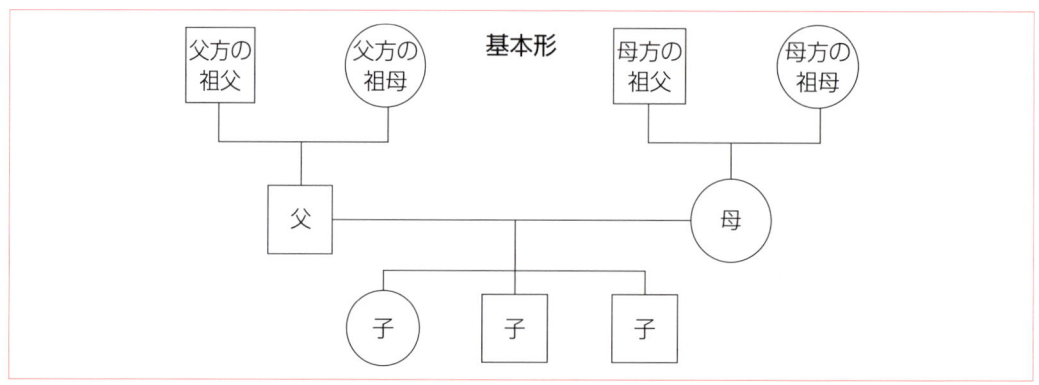

基本形

実践事例　　　作成にあたっての聞き取り

　入園時に面談してジェノグラムを作っている保育園の例です。最初にジェノグラムの説明をしてから、次のように話を進めています。（10）～（12）は必ず必要ということではありません。

（1）ジェノグラムというのは専門用語で、かんたんに言いますと、家族図のことです。

（2）これから○○ちゃんの保育をさせていただくわけですが、生活をしていく中で、いろいろな出来事が出てきます。たとえば、急にお熱を出したり、吐いたりして、でも、お父さん、お母さんが仕事を抜け出せず、お迎えに来られないときに、ご家族のどなたが来てくださるのかなど、前もってお聞きしておけばとても助かりますので、ぜひご協力お願いします。

（3）本日は、わたくし園長の○○と、お聞きしたことをしっかりメモしておきたいので、メモ係として△△が同席しますが、よろしいでしょうか。

（4）どうしても話したくないということがありましたら、無理にお話しなさらなくても大丈夫なので、そのへんは遠慮なくおっしゃってください。

（5）では、始めさせていただきます。

（6）まずはじめに、お父さんとお母さんのお年からお願いします。

（7）お子さんたちの性別と、年齢を教えてください。

（8）次に、お父さん、お母さんそれぞれのご両親はご健在ですか。さしつかえなかったら、年齢もお願いします。〈状況によっては、その上の、子どもにとって曾祖父母までたどる。〉

（9）お父さんお母さん以外にお迎えをお願いする場合、協力していただける方の状況を確認させていただければと思います。

（10）お父さんのごきょうだい関係をお聞かせ願えますか？　お母さんのほうのごきょうだい関係も教えていただけますか？

（11）〈保護者が改めて自分の家族関係を確認するというねらいも含めて、図を見ながら確認していき、話を進める。〉

（12）〈次に、同居の状況を確認して終了。〉

（13）これから保育園で生活をしていくわけですが、今、ご家族の状況を教えていただいた中で、○○のようなことに注意をして支援させていただきたいと思いますので、もし状況が変わりましたら、その旨をお知らせください。これで終わりです。本日はありがとうございました。

ジェノグラムを作ってみよう

用意するもの

A4サイズの紙（1家族に1枚）　ペン

ルール

①四角が男性、円形が女性を示す。

②離婚している場合は、当事者の間に×を描く。

③死亡している場合は×を描き、死亡と書き添える。
　いくつで亡くなったか、死因もわかる範囲で書き添える。

④子どもは出生順に左から描く。

⑤年齢がわからない場合は、たとえば「60代前半」といったおおよその内容でかまわない。

⑥祖父母が健在かどうかわからないときは「？」を書く。

⑦一緒に住んでいる人を点線で囲む。

⑧ジェノグラムに描ききれないことは、余白に文章で添える。最初からメモの欄を設けておくのも1つの方法。

＊メモ欄付きのサンプルを44ページに掲載しています。

ジェノグラム例

＊図中の丸数字は、上記のルールを指しています。

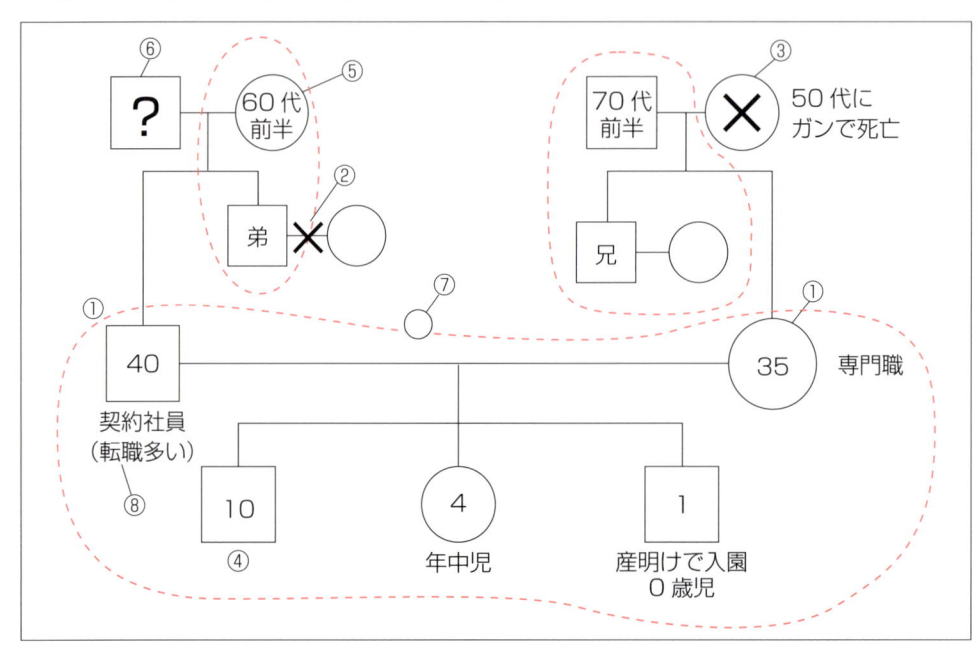

ワーク1　　2人組で互いのジェノグラムを描きあう　　（5～10分）

①2人1組になる。
②互いに相手の家族のことをインタビューしながら描く。
③2人で振り返り、感想を言い合う。
④2人組で出た話を発表し、全体で振り返る。
⑤インタビューのお礼を言って、相手にジェノグラムを返す。

ワーク2　　安定感のある家庭・問題点を感じる家庭　　（10～20分）

①今まで自分が保育をしてきた中で、安定感のある家庭のジェノグラムを描く。
②隣の人と2人1組になって、①のジェノグラムについて、互いに話をする。
③今まで自分が保育をしてきた中で、問題点があると思った家庭のジェノグラムを描く。
④②と同じように、隣の人と互いに話し合う。
⑤近くの2人組と、②と④を通して感じたことや見えてきたことを話し合う。このとき、困難を抱えていると思われる家庭と安定感のある家庭と、それぞれ4つずつのジェノグラムの中から1つずつを選んで話し合ってもよい。
⑥グループで話し合ったことを発表し、全員で共有する。

ジェノグラム（家族図）から見える家族環境と子どもの育ち

35ページのワーク2を実際にやってみてまとめた例を紹介します。

子育て環境について感じたこと	安定感のある家族	困難を抱えていると思われる家族
・家庭環境、育ちの影響が大きい ・離婚は子どもに大きな影響を及ぼす ・子育て観は次の世代に引き継がれる	・経済的に安定している ・サポート関係が確立されている	・次から次へと母親に彼ができる ・子どもが親に振り回される
・母親を支える人がいるかどうか ・母親の生育環境 ・経済的にゆとりがあるかどうか	・サポート関係が確立されている ・愛情が持続する環境がある	・経済的にゆとりがない ・大人になりきれていない夫
・夫婦関係の安定度 ・収入の安定度 ・子に向かう親の姿勢 ・就労状況による生活リズムのあり方 ・親自身の育ち	・生活基盤が安定している ・不安材料が少ない ・みんながその子を見守っている	・祖父母に大切にされていない親 ・家族関係が複雑 ・相談できる人がいない ・メンタル面の問題を抱えるなど、負の要因が多い
・離婚、ネグレクトなど、祖父母の状況が次世代の親にも同様に現れている	・両親とも交流のある祖父母がいる ・家族構成がシンプルでわかりやすい	・親族の関係が複雑で、祖父母との交流が少ない
・祖父母の存在が見えない家族は困難を解決しにくい	・家族図がシンプル ・祖父母家庭も安定している	・離婚 ・母、祖母が若年出産 ・婚姻関係のない同居人（複雑） ・経済状況悪い ・メンタル面不調
・子どもの周りの人間の豊かさの違い ・安定した人間関係の中では、不安な経験をすることがないので、精神的に安定して過ごせる	・家族の姿がよく見え、その家族が支えてくれる ・仲がいい ・表情が明るい ・甘えることができる。優しい ・愛情を注がれているので、安定している	・家族の姿がよく見えない ・死別ではない欠損がある ・家庭内別居 ・家族図が複雑 ・家族歴が繰り返されている ・不安定 ・メンタル面の不調
・愛情のかけ方の違い ・援助者がそばにいるかどうか ・生活の安定度 ・祖父母との関係 ・夫婦仲の良し悪し ・親の生育歴	・父方の両親と同居。父母双方の親を含めて旅行するなど、仲がいい ・行事があるたびに両家の祖母同士が参加する ・父母が迎えに行けないときも、両家が迎えに来る	・母は父方（夫）の母親と同居、うまくいかず離婚。その後、実の両親ともとに戻ったが、うまくいかず別居。兄とも音信不通。母子には頼れる人がいない

実践事例　　ジェノグラムを使った園内研修

〔担任からの情報〕

・母親30歳。　・4歳の女の子、A子は前の夫との子、今の夫との子は5カ月の男の子、B男。　・母親の両親は健在。　・実父は所在が不確定で、「おじさんおばさんに育てられた」と母親が言っていた。　・今の夫の両親の所在は確認できていない。

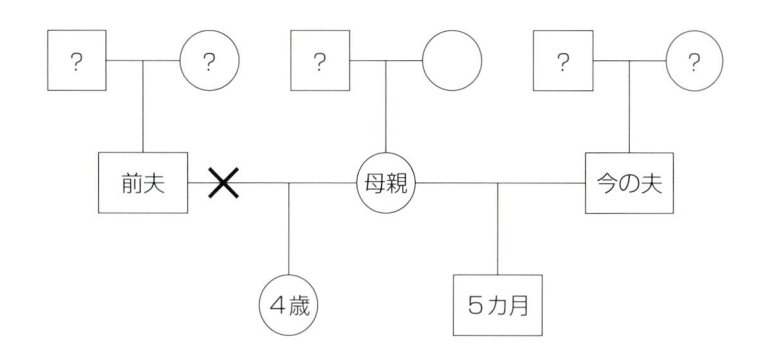

1　家族の印象について参加した保育者A～F 6人で情報を出し合う

保育園では子どもの母親としか会ったことがない人が多い。

〔保育者による母親などの印象〕

A：さばさばしている。

B：だいたいのときは一言二言声をかけやすいが、ちょっと疲れているときは表情や全体的な雰囲気でわかるので、声をかけないようにしている。

C：現在の夫は見かけたことがあるが、話したことはない。第一印象は、優しい感じではなく、強い感じ。

D：父親（現在の夫）とは1～2か月前に、スーパーで2回くらい会ったことがある。まだ、A子ちゃんが慣れていないようで、お母さんが子どもにA子ちゃんに向かって一生懸命「手をつなぎなさい」とどなっていた。

E：家にいるお父さんに会ったことがある。A子ちゃんのお母さんがすごく若いので、お父さんも若い人だと思い込んでいた。思いのほか年配の方で10歳くらいは違いそう。落ち着いた方だと思った。

F：この子のことで一番ショックを受けたのは、親が乗っていなくてタクシーだけが迎えに来たときのこと。「タクシーのおじさんとすごい知り合いだから、A子を乗せてくれ」って電話が来て、すごいショックを受けた。

2　母親の支援担当者からの情報

〔母親の状況〕

　A子への不満がたまっていて話が止まらない。話の矛先を変えようと、下の子、B男の離乳食について話を振ってみたが、母親は離乳食のことよりも、自分が送っていこうとしている生活イメージと、A子の反応や行動にギャップがあり、「A子のすることが気にいらない」と言う。すんでのところで、手は上げないけれど、母親の中では足げりはありと思っている様子。

　下の子、B男の離乳食のことで、「Aちゃんのときはどうしましたか」と聞くと、「ばあば（おばさんのこと）がやったから自分はわからない」と言う。母親は、B男をすごく愛している。「4月から保育園に預けるように段取りすればどうか」と伝えると、「それは嫌だ。1年一緒にいると自分で決めたから4月からは入れない」とのこと。

　A子ちゃんに関しても、本当はすごく愛している。反面、「どうして言うことを聞いてくれないのか」という葛藤がある。「4歳の子どもがそんな簡単に大人の言うことを聞かないことは、落ち着いて考えればわかるよね」と言うと、「わかっているんだけれども、その場になるととても頭にくる」と言う。実際、「家にいると、言うことを聞かないときに手が出てしまう」と、土曜日に園へ電話をかけてきたことがある。また、B男が風邪をひいたときなども、「静かにしてほしいのにA子がワーワー騒ぐからB男が眠れない」と訴える。

　すべて自分がしなければならないと背負っている。物の理屈はある程度わかっているけれど、すべてを受け止める気持ちはあまり備わっていないように感じる。

〔4歳のA子の様子〕

　母親は「とても言うことを聞かない」とお手上げ状態。確かに、気が短く、ちょっとのことでも口ごたえをする感じなので、保育園でも多少友達とのトラブルもある。が、母親が心配するほど気になる姿ではない。

〔5カ月のB男の様子〕

　母親が抱っこしているところしか見ていないが、にこにこ笑ってかわいい印象。栄養状態もよさそうで、しっかり母親が育てている感じを受ける。ただ、5か月未満なのに卵や既製品の蒸しパンを食べているようだ。母親は「何をしたらいいかわからない、面倒くさい」と訴える。

3　話し合いのまとめ

（1）お母さんは素直な人だと思う。このまま窓口を保育園にして、イライラを吐きだして

もらえばいい。相談されたときには、具体的で簡単な手段をアドバイスできたらいいと思う。お母さん自身が認められる場所がないようなので、お母さんの行動を認めたり、お母さんが気持ちよく行動できるようにほめたりする言葉かけを心がけて対応したい。

（2）この園内研修で今日初めて家庭状況を知った人もいると思う。職員全体が家庭状況を知ることで、ようやく「だから今まで洗濯をしてこなかったのか」「だからこういう態度だったんだな…」とわかることがあり、そうして初めて同じかかわりができるのではないか。個人情報の保護に配慮しながらも、やはり情報を共有しないと子どもは守れない。このお母さんは隠さず誰にでも自分の気持ちを言える人なので、話しかけてなんでも聞いてあげること大事なのかな。

〔園長の感想〕

（1）全体周知を含めて、保護者支援は継続性が大事。家庭支援のファイルを作っていて担当のクラスの中で気になる家庭について、いつ、どんな形で、どういう情報を得て、それをどういう内容でやりとりしたかを継続的に記入することが必要。

（2）保育者は母親から話を聞くと、ちょっと安心してしまう。相手は自分が話したことに対する答えや、継続的なやり取りがほしいと思っているのに、聞きっぱなしになっていないだろうか。

（3）全員がまったく同じ内容を共有するのは難しいと思う。が、母親が話しやすいと思う人がいれば、その人を窓口担当者にして、概要を書面にし、職員で共有していいと思う。そうして、職員間で「この家庭は支援が必要だ」と共通認識をもつことが大事。不安そうだったり、イライラしていそうだったりしたら、さりげなく子育てじゃないところで声をかけていくというような環境整備をしていかなくてはいけない。

（4）人によっては話をすることが苦手な人もいる。性格とか仕事の状況などに応じて、こちらのアプローチの仕方も細かい部分まで配慮を要する。時には「知ってるけれど知らないふりをする」ことも必要になってくる。

〔最後に〕

◇まず、聞いていて自分がどう思ったかをノートに書いてください。（3分）。
◇書けたら、3人に分かれて、その中の2人が向かい合って、どう思ったかを話す。終わったら交代して同じことを行う。
◇この3人で、10分くらい、「今後どうしたらいいのか」のアイディアを出し合う。
◇最後に、責任者にコメントをもらう。

実践事例　　ジェノグラムの作成事例

現場で実際に聞き取り、作成されたジェノグラムと聞き取った内容を紹介します。

面談日　6月1日
面談理由　園児（A）の両親の離婚によって生活に変化があったと予測されるため
面談者　Aの母親

聞き取りの内容

〈現在の状況〉

- 母方の祖母と母、Aの3人で暮らしている。祖母は仕事をもっている。母方の祖父母は離婚。祖父との行き来はない様子。母方の曾祖父が健在で、母の伯父が一時的に同居している。
- 母親自身は5時50分に起床。Aを6時半に起こす。7時20分に登園、Aの母は7時40分に出勤、8時より始業。
- Aの鼻水が止まらないので、3歳になったら、アレルギーの検査をしようと考えている。
- Aの父母の離婚が成立したが、仕事の都合などで父方の祖父母にAを預けることもある。
- 父親が実家に出入りしているかはわからず、Aと会っているかもわからない。
- Aの父と母は仲が悪いわけではない。
- 何かあれば、母が面倒を見る。

〈気づいたこと〉

- 登園前、降園後のAの様子を詳しく話してくれた。
- Aの性格が神経質なことを気にしていたが、母自身も神経質なところがあり、頑張りすぎているようにもみえる。
- 悩みを相談できる人がいるのか少し心配な部分もあるが、平日の休みの日は自分の時間を取れているようなので、ストレスを解消できているとよいのだが。

Aちゃんのジェノグラム（家族図）

生活の背景として、曾祖父母が健在の場合、介護等のかかわりがどの程度あるのかを聞いておくことで、園のサポートの内容も変わってきます。たとえば、病院の送り迎えをするため、仕事が休みでも園に子どもを預けなくてはならないなどの事情を事前に把握しておくと、やり取りもスムーズになります。

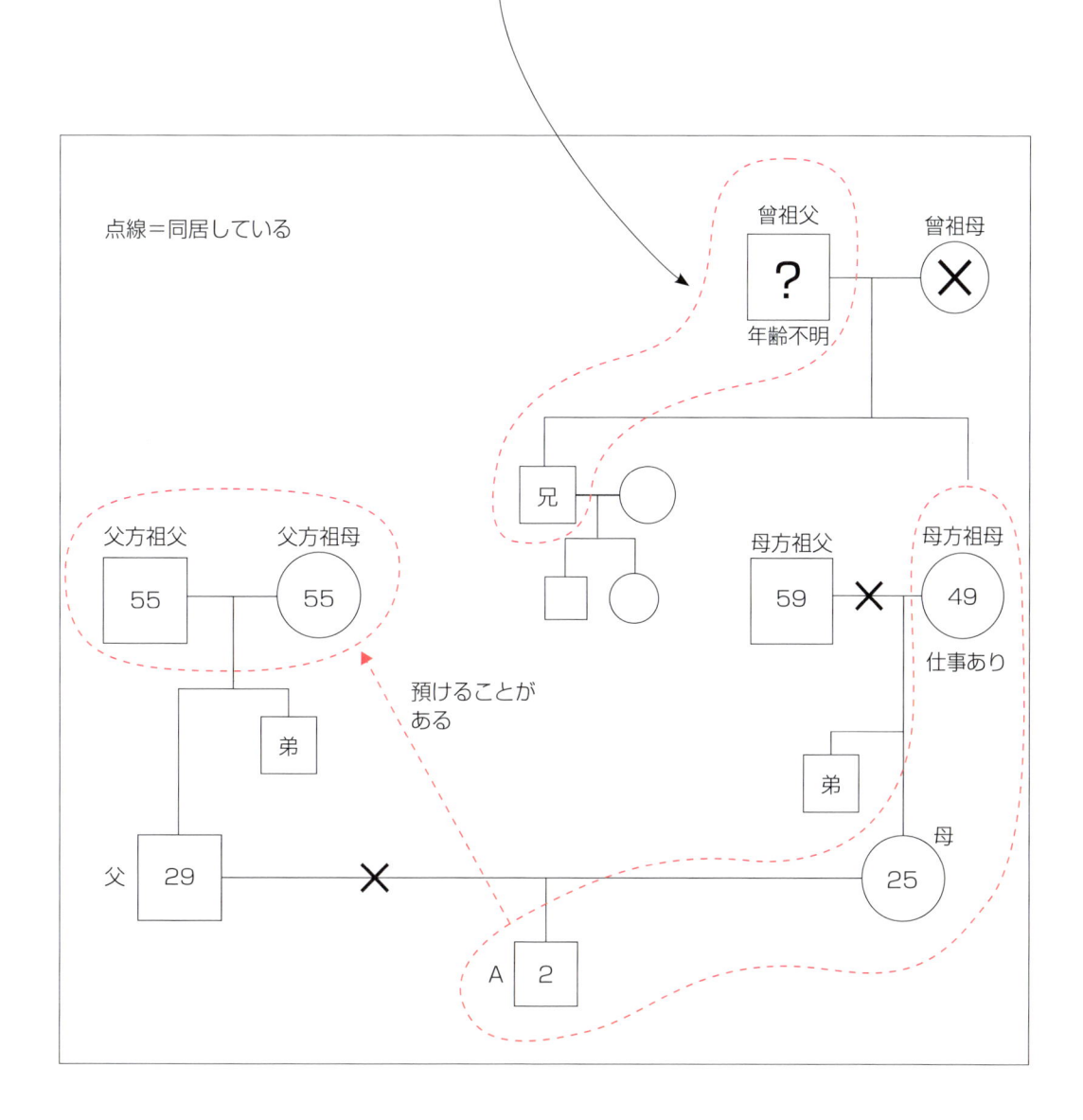

点線＝同居している

曾祖父　？　年齢不明
曾祖母　×

兄

父方祖父　55
父方祖母　55

母方祖父　59　×
母方祖母　49　仕事あり

弟

弟

父　29　×　母　25

A　2

預けることがある

ジェノグラムを活用しよう

活用事例　「いじめられた」と訴える子ども

　年中児に在園する4歳のA子が、母親に「園でいじめられている」と訴えました。でも、実際には、その子がほかの子にちょっかいを出したり、ちょっと意地悪をしたりしていたのです。女児の両親はともに専門職。多忙で出張も多く、迎えに来られないときは、ベビーシッターが来ていました。そして、子どもが「いじめられた」と訴えるのは、母親が出張から戻ってきたときが多かったのです。家庭に何かあるのではないかと思い、母親と面談しながらジェノグラムを作ってみました。

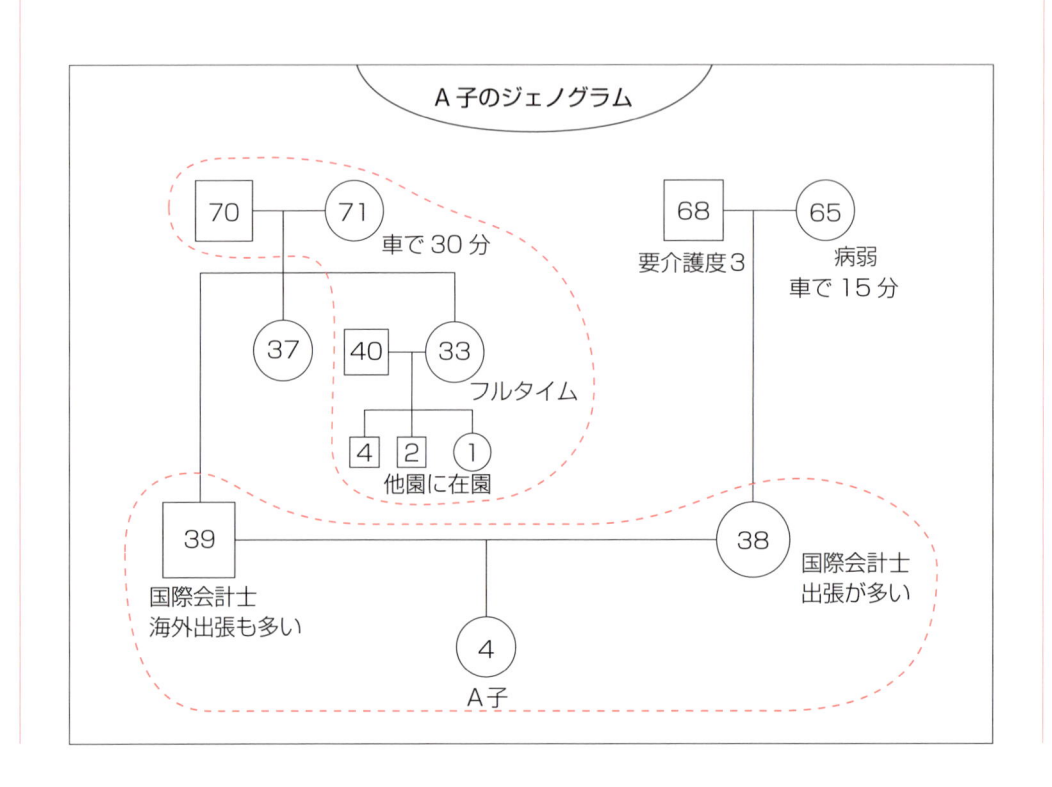

A子のジェノグラム

- 70 — 71　車で30分
- 37
- 40 — 33　フルタイム
- 4　2　1　他園に在園
- 68　要介護度3
- 65　病弱　車で15分
- 39　国際会計士　海外出張も多い
- 38　国際会計士　出張が多い
- 4　A子

●ジェノグラムが語った「孤立無援」

　0歳児から入園しているにもかかわらず、一度も祖父母が来園したことがなかったので、園は、「祖父母はもういないのか、あるいは遠方に住んでいる」と思い込んでいました。でも、ジェノグラムを作成するにあたり、話を聞いていく中で、母方の祖父母は近くに住んではいるものの介護が必要だったり、父方のほうはほかの姉妹の子育てを援助するので手いっぱいだったりして、行き来がほとんどないことがわかりました。多忙な母親は、同じように忙しい夫にサポートを求めることもかなわず、誰の支援も受けずに子育てをしてきたことがわかりました。

●必要な支援を考える

　「いじめられている」という子どもの訴えは、いっぱいいっぱいで頑張る母親への不安感や甘えの表れかもしれません。まずは、母親と園との関係作りを見直すことから始めることが必要です。母親の頑張りを認める言葉かけも有効でしょう。職員全体で、登降園時に丁寧にあいさつをすることも大事です。母親が笑顔で保育者と話す様子を見るだけでも、子どもの不安感は和らぎます。また、ベビーシッターの迎えが続くときは、園での様子を伝えつつ、母親をねぎらう簡単な手紙もいいかもしれません。

事例を振り返って　隠れている困難さが見えてくる

　子育ては、夫婦だけではなく、祖父母や友達などの協力があって、はじめてまわっていくものです。特に、働き続けながら子どもを産み育てていくときには、周りの支援が欠かせません。ところが、現実には、祖父母の姿や、周りの協力関係がない家庭が多く、園側からは子どもを取り巻く人間関係がほとんど見えなくなってきています。そのため、園児のいろいろな問題について、表面に出てきていることだけでは、最適な支援方法を見つけることが難しくなっています。こうした状況に対して、ジェノグラムの活用は有効な支援につながります。

ジェノグラム(家族図)

現在の状況

_____
_____
_____
_____
_____
_____
_____
_____
_____
_____
_____
_____
_____
_____

話し合いの内容・気づいたこと

_____
_____
_____
_____
_____
_____
_____
_____
_____
_____
_____
_____
_____
_____
_____
_____

※ジェノグラムの見方
○は女性、□は男性、夫婦の場合男性は左に記入。子どもは左から大きい順に記入。離婚は夫婦を結ぶ線に×印を記入。死亡者は×印をつけ、それぞれの枠の中に年齢を記入。同居家族ごとに点線で囲う。変更があった場合は色を変えて変更年月日を入れ、現在の状況の欄に記入する。

第 2 部

日常的な関係づくりメソッド

　問題が起きてから、あらためて関係を作り直そうとしても、容易なことではありません。言うまでもなく、保護者と園・保育者の日ごろからの信頼関係づくりこそが要です。そのために意識しておきたいことや、身につけておきたいスキルがあります。ワークやトレーニング、実践事例や楽しいアイディアをたくさん紹介します。

1 プロのテクニックとトレーニング方法

　保育者はカウンセラーではありませんが、今や、カウンセラーとしての側面も求められています。保護者と良好な関係を作っていくときに覚えておきたい、カウンセリングでも用いられる専門的な技法の具体的な用い方と、スムーズに実践するためのワークを紹介します。

テクニック1　自己開示

> **解説「自己開示ってなあに？」**
> 　自己開示とは、自分の考えや感情、経験、人生観などを、ほかの人に率直に話すことです。今まで話していないこと、言い出しにくいこと、失敗したことなどを、相手に上手に伝えることができると、日常の人間関係がより現実的で生き生きとしたものになります。

効果　相手の警戒心、緊張感を解きほぐす

　話をしない保護者が増えていると言われます。でも、話をしない相手をしゃべらせようとすると、相手はますます口を閉ざします。そういうときは、相手に話させるのではなく、まずは保育者自身が自分をさらけ出すことが大事であり、より現実的な人間関係作りの近道でもあります。

　自分をさらけ出す（自己開示）には、自慢話ではなく、失敗したことやちょっと言いにくいことを話せるかどうかがポイントです。なぜなら、保護者は、保育者の失敗談を聞くことで、「なんだ、先生もおんなじなのね」と、保育者に親近感を抱き、「わたしだけじゃないんだな」と安心するからです。

　送り迎えのちょっとした時間で、プライベートでの小さな失敗談を明るく話してみたり、個人面談のとっかかりとして取り入れたりしてみましょう。保護者の表情がふわっと変わってくるはずです。

「お母さん、最近どう？」と聞く前に、自分から

ワーク　職員間で自己開示体験の機会を作る　（30分）

例）自分の子どものころの思い出を語る

● 2〜3人のグループを作る。B4かA3のコピー紙を1人1枚用意する。

（1）小学生時代、自分が通った通学路の地図を詳しく書く。

（2）通学路の説明以外に、当時のエピソードも書き加える。

（3）1人ずつ書いたものを見せながら、楽しかったこと、悲しかったこと、つらかったことなどの思い出を話し合う。

（4）話し合った後、1人ずつ感想を出し合う。

ここがポイント

・お互いの思い出を知ると、人は相手に対して優しくなれるものです。
・話をするとき、自分の弱点や苦痛など、いつも人に見せないと感じている部分を意識しながら話すようにします。
・相手が話しているときは、途中で言葉を挟まずにじっくり聞くようにします。
・思い出話は尽きないので、時間内に全員が話せるように配慮します。

テクニック2　リフレーミング

> **解説「リフレーミングってなあに？」**
> 　心理的な出来事のフレーム（枠組み）を別の視点から見てみることをさします。有名な例えにコップに水が半分入っているとき、「もう半分しかない」と見るか、「まだ半分ある」と見るかでは、感じ方が変わってくるという話があります。人に対しても同じことが言えます。同じ姿でも、マイナスの視点で見るか、プラスの視点で見るかによって、表現も印象も違ってきます。

効果　「連絡帳で活用」

　リフレーミングを意識することで、相手とのやり取りが違ってきます。特に、連絡帳での活用がオススメです。連絡帳は、保護者と園（保育者）をつなぐ大事なコミュニケーションツールの1つですが、この連絡帳の書き方から問題を起こしている例が少なくありません。連絡帳の場合、相手のようすや表情を見ながらやり取りをするものではないので、読み手が書き手の意図とはまるで違った印象で受け取ることがあります。読み手のそのときの精神状態によっても、違ってくるでしょう。常に読み手の気持ちを考えて書くことが大事です。

　また、日ごろのやり取りでも、保護者がわが子のことや自分のことを愚痴ったときに、いったん保護者の声を受け止めて「でも、○○とも言えますよね」と別の視点で表現して返すことで、保護者自身が救われるような思いになったり、こたえた保育者に好意や親近感をもったりするケースもあります。

プラスの視点で表現してもらうことはやはりうれしいもの

同じ姿でも、書き方1つでずいぶんと違った印象になる

＊「連絡帳」については、66ページの「ポイント⑦　連絡帳の意義を再確認」でも紹介しています。

トレーニング　短所を長所に言い換えてみる　（10〜15分）

（1）3〜4人で1つのグループを作り、ハガキ大の紙に自分の短所を1つだけ書く。

（2）書いた紙を隣の人に渡し、自分も隣の人から短所が書かれた紙をもらう。

（3）もらった紙に書かれた内容を肯定的な表現に書き換える。

（4）相手に紙を返すときに、声に出して読んでから返す。1人ずつ順番に行い、他の人は聞いている。

（5）返してもらったときに感想を言い合う。

ここがポイント

- このトレーニングをやってみると、意外にも自分の短所について「何を書いていいかわからない」と悩む人が少なくありません。そういう人には、「仮に作って書いてもいいですよ」と伝えて、負担に感じないように配慮します。
- （3）で表現を変えるときは、短所より少し長めの文章にして返します。
- どうしても言い換えが思いつかない場合は、後でメンバーみんなで考えてみましょう。

> **実践事例　　映像を見てトレーニング**
>
> 　子どものようすを撮影した保育中の映像（5〜10分）を見て、「この場面を連絡帳でお母さんに伝えるとしたら、どんなふうに伝えるといいか」をみんなで出し合います。いろいろな考え方があるけれど、どんな書き方をしたら、「うちの子のことをよく見てくれているなあ」と感じるかということを意識して、ベテランも新人も関係なく出し合っています。このトレーニングは、伝え方はもちろんのこと、子どもの見方を深めるトレーニングにもなります。
>
> 　ただ、1つ気をつけたいのは、保育者の保育の仕方についてはふれないということです。保育者のかかわり方などに言及すると、トレーニング自体をイヤがるようになり、続かなくなる恐れがあります。

Lesson 1　　どちらがベター？

　砂場での子ども（3歳）のようすを伝えた連絡帳。さて、どちらがいいでしょう？　またよくないのはなぜでしょう？　話し合ってみましょう。

連絡帳A

RちゃんとSちゃんが砂場でトンネルを掘っているのを、少し離れた所でじっと見ていたAちゃん。一緒にあそびたいようですが、「どうしようかな。入れてもらおうかな」と、考えている「心の声」が聞こえてきそうな表情。いつもじっくり考えてから行動するAちゃんらしい姿です。

連絡帳B

RちゃんとSちゃんが楽しんでいる砂場のトンネル掘りに入れてほしいようすを見せていましたが、ちょっぴり引っ込み思案のAちゃん。今日は少し離れた所でじっと見ているだけになりました。明日は一緒にあそべるといいですね。

Advice　子どもの願いを言葉にして

　どちらがベターか、言うまでもないことです。連絡帳Bを書いた保育者は、もっとAちゃんに積極的にかかわってほしいと思っているのでしょうか。そして、それは、Aちゃんの願いでしょうか。子ども自身が何を願っているのか、子どもの願いを言葉にしてみましょう。自然とあたたかな表現になります。

プチワーク　　　　Let's　リフレーミング

　下に紹介している大人編のリフレーミング例を参考にして、子ども編のリフレーミングをやってみましょう。長所と短所は表裏一体です。子どもの気になる姿も少し見方を変えれば、別の側面が見えてきます。そしてそのことを言葉に表すことが、子ども理解のトレーニングにもつながります。

＜大人編＞

言い換えたい言葉	リフレーミング	言い換えたい言葉	リフレーミング
いいかげん	こだわらない おおらかな	細かい	よく気がつく
おしゃべり	社交的	自己中心的	人に流されない
おおざっぱ	楽天的で融通がきく	図々しい	堂々としている
気が小さい　消極的	繊細　控えめ	でしゃばり	世話好き
気が短い	反応が早い	八方美人	人づきあいが上手
気持ちが顔に出やすい	正直	目立ちたがり	自己表現が活発
気が強い	弱音をはかない	わがまま	自己主張できる

＜子ども編＞

言い換えたい言葉	リフレーミング	言い換えたい言葉	リフレーミング
落ち着きがない		おとなしい	
飽きっぽい		しつこい	
わがまま		命令しがち	
のんき		ふざける	
頑固		負けず嫌い	

2 コミュニケーション土台作りのポイント

　保護者とのトラブルは起きないほうがいいですが、起きるものと考えて接する意識が大事です。そして、そうした意識のもと、保護者との日々のコミュニケーションを円滑に進めていくために、覚えておきたいポイントを紹介します。どれも、ちょっとした配慮でできるものです。そして、その「ちょっとしたこと」を積み重ねていくことで、トラブルを防ぎ、起きても小さく収め、修正しやすい安定感のある関係の土台を作っていくのです。

ポイント① 朝夕のあいさつは丁寧に

　毎日の保育のやり取りでいちばん大事なことは、朝夕の送り迎えのときです。まずはあいさつについて、見直してみましょう。チェックポイントを挙げてみました。あなたはいくつ実行できていますか。

☐ 保育者からあいさつをしている。

☐ 子どもの名前を呼んで、あいさつをしている。

☐ 仕事をしながらではなく、立ち止まってあいさつをしている。

☐ 少し高めの声であいさつをしている。

☐ 笑顔であいさつをしている。

> ここがカギ

●子どもの名前を入れる

　ある保育園の保護者向けアンケートで「最近、園の先生はあいさつをしても返してくれない」というコメントがありました。観察をしてみると、保育者は、子どもの顔を見ながらあいさつをするため、保護者は自分に返されていると思わないようだということがわかりました。しっかりと子どもの名前を呼べば、こうした誤解を招くこともないでしょう。「〇〇ちゃん、おはよう」「〇〇ちゃんのお母さん、おはようございます」と、丁寧なあいさつを意識し、名前を入れてあいさつする癖をつけるようにしましょう。

●「ながらあいさつ」はNG

　保育者にとって、朝夕は何かと忙しい時間帯です。悪気はないのですが、事務室まで小走りに移動しながら、あるいは、掃除しながらと「ながらあいさつ」になりがちです。そんな保育者の姿を、「先生たちは忙しくて大変」と好意的に見てくれているうちはいいのです。でも、ちょっとしたトラブルが起きたときには「あいさつもぞんざいだし、子どもへの対応もぞんざいではないかしら」と不信感を高めるきっかけにつながります。

　できない状況のときもあるでしょうが、いつも忙しいということもないでしょう。できるだけ、仕事の手を止め、目を見て、笑顔であいさつする癖をつけましょう。鏡で笑顔を作る練習をするのも効果があります。

　また、考え事をしながらあいさつをすると、声は低くなり、自分が思っている以上に不機嫌な印象を相手に与えることがあります。あいさつをするときは、普段の声より半オクターブほど高めの声を出すように意識しましょう。

オススメワーク　　あいさつのワーク

　短い時間でも効果が得られるあいさつのワークです。いろいろな場面をイメージし、そのときの自分の気持ちを振り返って、実際の場面での自分自身をシミュレーションしてみましょう。

　所要時間15分。2〜3人で1グループになって行います。

やり方

（1）感情を入れないで「おはよう」と1人ずつ順にあいさつをします。

（2）それぞれがあいさつをする相手をイメージしながら、「おはよう」とあいさつをします。互いに誰をイメージしたか、言い合いましょう。

（3）イヤだと思っている人にあいさつしてみましょう。「イヤだ」という感情を隠さずにそのままに表現してみることがポイントです。

（4）（2）と（3）をやってみて、どんなふうに感じたか、違いを話し合います。

第２部　日常的な関係づくりメソッド　55

●アレンジ

　あいさつのワークを通して、「あいさつ」への意識が高くなっています。さらに、意識を高めるアレンジワークをやってみましょう。トレーニングを重ねていくことで、自然に言葉が出るようになります。以下の設問について、それぞれが考える答えを出し合ってみましょう。

やり方　（20分）

・数人でグループを作り、①から④について話し合います。
・一通り終わったら、グループ毎に代表が話し合った意見を発表します。

Question

❶ あいさつの大切な基本は「笑顔」「声」「先に言う」ですが、ほかに大切にすることは何があるでしょうか。

❷ 保護者にあいさつをしたのにあいさつが返ってこなかったときはどうすればいいでしょうか。

❸ 保護者をどう呼べばいいでしょうか。

　ゆうちゃんのママ　／　花子さん　／　鈴木さん
　鈴木花子さん　　ゆうちゃん

❹ あいさつの後、一言付け加えるとしたら、どんな言葉を添えますか。

　おはようございます
　＊具体的なセリフを入れてみましょう

プラスワン　あいさつのアレンジアイディア

保護者のようすに応じて、いつものあいさつをアレンジできれば、
さらに保護者との距離がぐんと縮まります。

●ゲーム感覚でふれる

　保護者はいろいろな表情を見せます。調子のよさそうなときもあれば、ひどく疲れた表情のときもあります。「今日はちょっとしんどそうだな」と感じたら、軽く体にふれるあいさつもいいです。ただ、いきなりではびっくりします。「お母さん、ジャンケンしよう」と提案し、勝っても負けても保護者の肩を軽くもみます。ほんの少しそんなふうにふれるだけで、人の気持ちは和らぎます。

●1日1回褒める

　「褒める」と聞くと、「お母さん、毎日よく頑張ってるね」と精神的な部分を褒める言葉を思い浮かべがちですが、それは「評価」を連想させる言葉です。保育者の中には、保護者に対しても子どもと同じような目線で話す人がいますが、保護者によっては、こうした応対を「上から目線」と感じることもあるので、注意が必要です。そんなふうに受け取られない褒め言葉は、見た目を褒める言葉です。ただ、トレーニングしておかないと、とっさには出てきません。職員間でお互いに褒め合う時間を作って、褒め言葉を増やすトレーニングを続けるといいでしょう。

●手を温める

　母親が落ち着かないような表情をしているとき、「お母さん、手を貸して」と言って、保護者の手を保育者の両手で挟むように持ちます。そうして、相手の呼吸に合わせて、ふーっ

と息を吐きながら、挟んでいる手に少し力を込めます。何度か繰り返していると、末端の血液の循環がよくなり、気持ちが落ち着いてきます。子どもにも有効です。（『とけあい動作法』今野義孝著、学苑社、などが参考になります。）

● **抱きしめる**

あいさつは、言葉だけではありません。言葉を使わないあいさつもあります。保護者の状況によっては、ぎゅっと抱きしめることで、保護者がかかえている不安や緊張感にこたえるやり取りも必要です。

事例　　　　抱きしめてほしかったお母さん

○歳児で入園してきたＡちゃんは、母親自身が、両親から愛されたという実感をもたないままに大人になってしまい、子どもは好きなのだけれど、どう養育していいかわからないという状況でした。Ａちゃんの母親自身が甘える人を探す幼子のようで、門で園児を迎える園長に、毎朝「園長先生〜」と言いながら、体を触り、抱きついてくるので、園長は最初のころは閉口して「はいはい、わかった、わかった」とあしらうように対応していました。

そうすると、Ａちゃんの母親は役所に電話して「園長が冷たい」とクレームを寄せるようになったのです。これには、園長も困ってしまい、「お母さんの気持ちを正面から受け止めるしかない」と腹をくくって、毎朝、母親が求めるあいさつに応じることにしました。そうして、毎朝抱きしめていると、日に日に母親が落ち着いてきたのです。卒園のときには、「私は園長がお母さん代わりになってくれたから、何とかここまでやれてこられた」と自らを客観的に振り返るくらいになっていました。Ａちゃんのお母さんにとっても、保育園はもう一度子どもとの関係を作り直す大事な場所だったのかもしれません。

ポイント②　保護者を主役にする誕生日イベントを企画する

　園行事として毎月行う誕生会では、1つ大きくなった子どもたちが主役ですが、それとは別に、保護者を主役にした誕生日イベントを企画してみましょう。

　その子の誕生日の夕方、保護者が迎えに来たとき、園の玄関でその子と担任が出迎えます。その場で担任は保護者に感謝状を渡し、その後、子どもが園から持たせてもらった花を自分の親に渡します。園の玄関で行うので、その場に居合わせたほかの保護者や子どもたちも一緒にお祝いの拍手を送り、みんなでお祝いするのです。この取り組みは、なかなか園に打ち解けないような緊張感の強い保護者の気持ちを和らげるのにとても効果があり、保護者との関係性を変えるきっかけにつながります。

> ○○組○○ちゃんの保護者殿
> あなたは子育てが大変な中でよく頑張りました。これからも保育園は応援します。
> 平成○年○月○日
> ○○園

事例　　花束とワッフル

　その子の誕生日の前後、保護者の都合のよい日を聞いて誕生会を行っています。その日は、保護者には午後3時ごろに迎えに来てもらい、保育室に保護者の席と子どもの席を用意します。そして、「○年○月○日は○○ちゃんが生まれたとっても大事な日です。○○ちゃんが生まれてきたのは、そのときにお母さんがとっても頑張ったということです」と話し、「ありがとうの気持ちをこめて、園から花束のプレゼントがあります」と花束を渡すのです。花束は近所の花屋さんと提携して、予算500円で用意してもらいます。その後、みんなでお祝いのワッフルを食べます。花束と焼きたてのワッフル。我が園では、誕生日を象徴するハッピーグッズです。

| 事例 | 緊張から解き放たれた瞬間 |

　夫のDVから逃げてきた母親は、警戒心が強く、なかなか園にも打ち解けてもらえませんでした。お迎えのときに、雨脚が強かったので、「ひどい雨だから少し待ってみたら」と声をかけても、かまわず子どもの手を引いて雨の中を帰っていくような、頑なさがありました。お誕生日の日、子どもがこの母親に「お母さん、ありがとう」と花を渡したら、母親がたまらずわーっと泣き出したのです。もしかしたら、そんなふうに人前で泣いたこともなかったのかもしれません。そんな母親を担任が抱きしめたことは言うまでもありません。翌日から、母親の態度ががらりと変わり、園への要望を言葉にして、頼るようになりました。ようやく、「一人で頑張らなければ」という緊張から解放されたのです。

ポイント③　双方向のキャッチボールを大事に

　園運営において、つねに保護者の意見を取り入れることはやはり限界があります。でも、だからといって、自分たちが話し合った結論を保護者に「決まりました」と通達する方法はトラブルの芽を残します。決めたことを変更できないのであれば、なおのこと、伝え方が一方的にならないように、保護者と意見のキャッチボールを行う必要があります。

　たとえば、保護者にアンケートをとって、その結果を報告したり、繰り返し説明会を開いたりして、やり取りを重ねることが大事です。また、保護者からの要望を受け入れられないときも、その理由をていねいに説明します。そのためにも、普段から保護者と園が互いの意思をキャッチボールのようにやり取りする関係作りが大事です。

事例　　例年とは違った生活発表会

　ある幼稚園で、「今年は創立30周年だし、いつもとは違う生活発表会に挑戦してみよう」という声があがり、話し合う中で、日程も改めて検討されました。結果、毎年同じ時期に開催していたのをさまざまな事情から変更することになったのです。日程変更について保護者に知らせたところ、「上の子の中学校の行事と重なるから困る」という反対意見が寄せられました。園としては、まさか反対意見が出るとは思ってもいなかったのです。あわてて、日程変更の経緯や今年の生活発表会のねらいを書面にして配布しましたが、どうしても後付けの印象になり、ぎくしゃくした感じが残ってしまいました。

ポイント④　個人面談後の気配りを

　個人面談は、保護者とより深い関係を作る絶好の機会です。普段はバタバタとあいさつを交わすだけの保護者も、個人面談ではわが子の園でのようすを聞き、育児での心配ごとを聞いてもらって、保育者との距離がぐんと近くなっています。この雰囲気を継続していけるよう、さらに深いコミュニケーションをはかってみましょう。

　個人面談後、面談に来てくださったお礼や話を聞いた感想、今後のことなど、保護者に手紙を書きます。必ず、下書きの段階で、リーダーや主任に見てもらうことが大事です。清書した手紙は、翌日の連絡帳に挟んで保護者に渡しましょう。この一手間が、保護者に「丁寧にかかわろうとしてくれている」という印象をもたらし、いい関係の土台になっていきます。実践している園では、保護者に好評で効果が表れています。

ここに気をつけて

- 面談で聞いた話は秘密保持の案件です。具体的な内容を書き残してはいけません。
- その日の保護者とのやり取りや保護者の性格を考慮して、文体や雰囲気を変えると心に届きます。

文例

カジュアルパターン

○○ちゃんのお母さんへ
昨日はありがとうございました。ゆっくりお話が伺えてよかったです。少しでもご心配なことや不安なことがあれば、いつでも声をかけてくださいね。うれしいことや楽しいこともぜひ、聞かせてくださいね！

丁寧なパターン

○○様
昨日はお忙しい中、ありがとうございました。いろいろなお話を伺う貴重な機会になりました。また、お気づきのことなどございましたら、いつでもお声をかけてください。今後ともどうぞよろしくお願い申し上げます。

ポイント⑤　保育参加＆保育参観を有効活用

　保護者といい関係を築く取り組みとして、保育参観や保育参加の実践も効果的です。保護者が保育の現場に入って、保育の大変さを実感すると、園への要望も変わってきます。

　ただ、保護者によっては「参加」ではなく「参観」を好む人もいます。０歳児の離乳食を食べさせる場面では、参加ではなく参観することで、保育者の食べさせ方を学びたいというリクエストした保護者もいます。また、わが子のクラスに入るのではなく、ほかのクラスに入ってもらって、フラットに保育を体験してもらうという現場もあります。無理強いせずに、保護者が選べるようなシステムを案内することも１つの方法でしょう。

事例　慣らし保育で保育参加

　４月１日の入園前に、親子で慣らし保育に参加して、保育者とコミュニケーションをとったり、園の生活を体験したりする機会を設けています。２月に行うオリエンテーションで、この取り組みを説明し、３月中の保護者の都合を確認します。１週間くらいの利用が平均ですが、いつやめるかは保護者自身に決めてもらいます。「何日いてもいい」が原則です。子どもだけ預かる場合は一時預かり保育料をいただき、親子の場合は保育参観扱いとして無料です（給食は実費）。多くの保護者が最初は一緒に参加して、徐々に子どもだけを預けて、４月１日からの入園に備えています。

＊園によっては、こうした実践を４月１日になってから行っているケースもあります。

事例　　参加か参観を選ぶ

　参加か、参観か、保護者に選んでもらっています。参加の場合は、子どもと同じクラスに入ってもらいます。あらかじめ期間を設けて、その中の都合のいい日を選んでもらい、1日2組か3組の保護者が参加します。子どもたちに「今日は、○○ちゃんのお父さんが先生です」と伝えると、父親も照れながら一緒にあそんだり、生活の介助を行ったりしています。「うちの子、言うこときかないと思っていたら、みんなそうなんですね」と、気づく保護者もいて、普段とは違うコミュニケーションがとれる機会になっています。

　参観の場合は、普段のそのままの姿を見たいという保護者の要望に応えるため、また、保育者のストレスに配慮して、参観日や時間帯を指定しています。また、子どもへのストレスにも配慮して、いろいろ装飾した窓ガラスからのぞいたり、園庭であそんでいるときは2階のテラスから見てもらうようにしたりしています。

ポイント⑥　電話でのマナーを知る

　携帯電話の普及に伴い、中には一般的な電話の受け取りの経験が少ない保育者もいます。相手の状況、話の内容などケースバイケースですが、原則的な約束事は職員間で共通認識を図っておく必要があります。

●電話を受けたときのマナーチェック

電話を受けたときの基本的なやり取りについて確認しておきましょう。

- □「○○園○○です」と受けた職員が園名と自分の名前を告げる。（○○園○○です）
- □相手の名前を声に出して復唱する。（○○ちゃんのお母さまですね）
- □用件はメモをとる。 
- □電話を切る際には、必ず「お電話ありがとうございました」と添え、相手が切ったことを確認してから切る。（お電話ありがとうございました）

こんなことも気をつけて

・先方が呼んでほしい人がそばにいないとき、あるいは見当たらないとき、どう答えるか、若い職員に対しては具体的な応答のモデルを電話の前に貼っておくのも１つの方法です。

応答モデル

①代わりに聞く場合
園）今、○○は（保育中　出張　席を外している）なので、園長（または主任）が代わりに伺いますが、よろしいですか。

②後でかけ直すことを伝える場合
園）今、○○は（保育中　出張　席を外している）なので、折り返しこちらから、電話をかけるように伝えておきます。

●電話でのやり取りのNGチェック

電話でのやり取りで気をつけたいことを確認しておきましょう。

☐先方が名乗らない電話にはこたえない。
☐電話では長く話さない。
☐個人の携帯電話の番号は知らせない。
☐たとえば、「○○ちゃんは今園にいるか？」などと部外者から聞かれても、園の個人情報はもらさない。

事例　　冷静に穏やかに対応

「子どもを休ませる」と電話をしてくると、そのまま必ず長電話になる保護者がいました。自分も仕事を休むからか、家での子どものようす、夫との話、自分の健康状態などを30分も40分も延々と話すのです。まったく子どもと関係のない話題であれば、やんわりと「そういう話はまた今度に」と断れるのですが、子どもに関係する話題だと話を遮るのも気を遣います。

そこで、正直に「お母さん、今、皆さんが順番に登園してきていて、○○組さんに少し手伝いに入らないといけないから、ひと段落した10時半頃、もう1回かけてもらってもいいですか」とお願いしました。不思議なもので、そうしていったん電話を切ると、相手もクールダウンするのか、本当にもう1回電話をしてくることは滅多にありませんでした。

プラスワン　SNS（ソーシャル・ネットワーキング・サービス）

　SNSとは、FacebookやLine、Twitterなど、インターネット上の交流を通して、社会的ネットワークを構築するサービスを指します。パソコンやスマホで、たまたま保護者が担任のFacebookを見つけ、友達申請をしてきたり、保護者同士のLineに気軽に「先生も入って」と誘ってきたりすることも予想されます。入園前のオリエンテーションで、一括して園からの「ルール」として、「保育者に保護者とのSNSは許可していない」と伝えるようにしましょう。

ポイント⑦　　　連絡帳の意義を再確認

　連絡帳は、保育者と保護者をつなぐ大事なコミュニケーションツールです。日々成長していく子どものようすを保護者とともに喜び合ったり、成長していく子どもにどうかかわっていくかという子ども理解を共有し合ったりする中で、保護者との温かな関係を作っていきます。

　その一方で、相手の表情や反応を見ながらやり取りする会話と違い、どうしても書き手と読み手の温度差や、誤解が生じやすい側面もあります。たとえば、園で子どもが初めて歩いたとき、連絡帳でどう知らせるかは、保護者によって違ってきます。「先に伝えたら、お母さん、がっかりするかも」と思ったら、「歩こうとしているようすが見られます」と知らせるだけにとどめます。逆に、子どもの成長にもう少し関心をもってほしいと感じる保護者には、「今日、歩きましたよ！」と伝えるほうがいいかもしれません。

　連絡帳の課題は文章の書き方にあると思いがちですが、大事なのは、相手の立場に立つことです。記録としての意義があるからと、事実のままに書けばいいというものではありません。気をつけて伝えたい内容や相手の場合は、事前にリーダーが読んで確認しておくことも大切です。

＊「連絡帳」については、48ページの「テクニック２　リフレーミング」でも紹介しています。

トレーニング　　　連絡帳を読み合う

（1）1か月に1回、1人の子どもの連絡帳を選び、数日分をコピーして持ち寄り、互いに読み合う。
（2）読む人は、その子のお父さんやお母さんになったつもりで読む。
（3）読んだ後の感想を言い合う。

3 懇談会&保護者会 盛り上げアイディア

　年度内に数回行う懇談会や保護者会は、それぞれの園でその都度、大きなねらいをもって行う、大事な園行事の1つです。園によって、その内容はいろいろありますが、保護者にとって「参加してよかった」という思いが残るような工夫が必要です。

基本　懇談会&保護者会　実施のポイント

①共通の認識をもつ

　懇談会や保護者会で何を伝えるのか、園全体の共通の内容、また、クラスごとの内容を、職員会議や、乳児会議、幼児会議などの場で確認し合います。園長、主任はもちろんですが、職員全員が互いの内容を知っておくことが大事です。

②イメージを具体的にもつ

　開催する時期やクラスの雰囲気、また学年によって、どんな雰囲気で進めたいかのイメージは違うでしょう。どんな会にしたいのか、具体的なイメージをもっておくと、進め方もイメージしやすくなります。

保護者同士が仲よくなれる会にしたい	一方的な伝達だけにならないように、保護者の思いを聞く時間を作りたい
次回も参加したいと思えるような楽しい会にしたい	保護者が安心感をもてるような会にしたい

アイディア❶　　子どもの名前の由来

いきなり話を振っても、戸惑わずに答えられるので、年度始めの懇談会や保護者会でオススメのアイディアです。

やり方

（1）2人1組になって、互いにわが子の名前の由来を話してもらいます。由来だけではなく、子育てについて感じていることなどを話してもらうのもいいでしょう。

ポイント

・低年齢児の場合は、子どもの月齢が近い保護者同士でペアを組んでもらうと、子育ての悩みなどで共感し合える機会が作れます。
・2人1組が公平に作られるように、たとえば、保護者の誕生月が同じ人同士、同じ町内に住む人同士などと指定するといいでしょう。
・話をする時間をあらかじめ決め、保育者が知らせます。話が途中でも交代するようにしましょう。

アイディア❷　　　子どものよいところ紹介

　自己紹介をしながら、わが子のよいところを順に話してもらいましょう。保護者同士が知り合うきっかけ作りになり、また、子どもを肯定的に見るためのトレーニングにもなります。

やり方　　（1人2〜3分）

　輪になって、順にわが子のよいところを話してもらいます。いくつでもかまいませんが、たくさん出る人とそうでない人が出やすいので、最初から1つだけと決めておくといいでしょう。

ポイント

- 「急に言われて思いつかない」という保護者には、保育者が代わりにフォローしてもかまいません。
- 人前で話をするのが苦手な保護者もいる場合は、全員にメモ用紙とペンを準備して、思いつく長所を書いて、発表してもらうようなスタイルにアレンジしてもいいでしょう。

実践コメント●トップバッターがカギ

　誰から話してもらうかがカギです。最初に活発に楽しく話してもらえそうな保護者を指名したら、和気あいあいとした雰囲気で盛り上がりました。

アイディア❸　質問じゃんけん

　じゃんけんで話す人と聞く人を決めるので、いつも同じ人ばかり話すこともなく、いろいろな話が出てきます。

やり方　（2～3分）

　2人1組になって、じゃんけんをし、勝った人が負けた人に子育てのことや、園での子どものようすなどを質問します。
　質問は1つだけです。質問を受けた人が答え、またじゃんけんをして繰り返します。
　2人1組なので、人前で話すことが苦手な保護者もあまり抵抗なく話すことができます。

ポイント

・答えたくないときは「パス」と言ってかまいません。「パス」と言われた場合は、違う質問をします。

・同じペアで続けてもいいですが、時間があれば、組み合わせを変えてみましょう。同じ質問でも相手が違うとまったく違う話が聞けて、盛り上がります。

アイディア❹　　他者紹介

「自己紹介」ではなく、ほかの人のことをみんなに紹介するやり取りです。自分のことではないので、意外とすらすらと言葉が出てきます。

やり方
（1）AさんとBさんが2人1組になり、互いに自己紹介し合います。
（2）AさんBさんのペアとCさんDさんのペアで、4人1組になります。
（3）AさんはCさんとDさんにBさんのことを紹介します。
（4）BさんはCさんとDさんにAさんのことを紹介します。
（5）CさんはAさんとBさんにDさんのことを紹介します。
（6）DさんはAさんとBさんにCさんのことを紹介します。

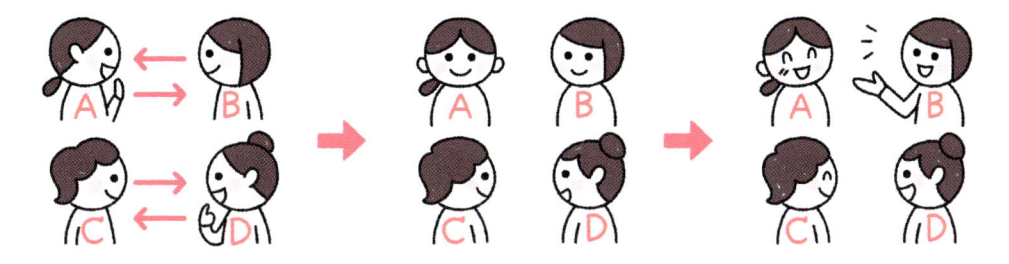

ポイント

・始める前に、相手のことをわかるようにいろいろ質問をして、わからないことは確認するよう、説明しておくといいでしょう。
・1人3分間程度を目安に、あらかじめ時間を決めておきます。

実践コメント●質問サンプルを準備

「好きな色はどんな色？」「愛読書あるいは好きな作家は（マンガも含む）？」「ペットを飼ってますか？」など、答えやすい質問例をいくつか提示したら、話が弾みました。

だんだん盛り上がってきて、「1日自由に使えたら、何をする？」と質問し合っているペアもいました。

何色が好き？
白が好き！
それでファッションも白が多いのね？
つい選んでしまいます

アイディア❺　　ブックリストの交換

　さらに保護者間のコミュニケーションを高めるアイディアです。年度始めより、互いの気心が知れてきた年度後半の実施がオススメです。

やり方　　（2分）

（1）ブックリスト用の用紙（次ページ参照）を保護者に1枚ずつ渡します。
（2）保護者は、自分が読んで感動した本や、ほかの人に勧めたい本を3冊挙げ、もらった用紙に、本のタイトル、作者名、出版社名を書きます。
（3）書いたブックリストを手にして、席を立ち、情報交換する相手を見つけ、5分間ほど情報交換をします。相手の名前と、気になった本のタイトルをメモしましょう。
（4）情報交換をしたら、また別の相手を見つけます。

ポイント

・事前に実施することを知らせておきましょう。一応3冊を目安としますが、保護者の反応に応じて、1冊でもOKとします。
・リストに挙げる本は、絵本やマンガもOKです。
・情報交換をする時間を決めて、保育者が合図をし、できるだけいろいろな人と交換できるように進行します。

（　　　　）オススメのブックリスト

＊（　　　）に名前をご記入ください。

1　本のタイトル

　　作者名

　　出版社名

2　本のタイトル

　　作者名

　　出版社名

3　本のタイトル

　　作者名

　　出版社名

アイディア❻　これは誰の手？

子どもの手や足を撮影した写真を見て、わが子の手足を当てるゲームです。事前に少し準備が必要ですが、思いのほか盛り上がるゲームです。

やり方
（1）子どもの手や足を撮影した写真を机に並べます。
（2）保護者は一斉に我が子と思う写真を選びます。
（3）保育者が順に正解を発表していきます。

ポイント

・アップの撮影が難しければ、不要な部分を隠して提示する方法もあります。隠していた部分を見せれば、誰かとわかるので、それはそれで楽しいです。

実践コメント●意外と見ていないと実感するママたち

自信満々の人に限って間違えていたり、同じ写真に何人もの保護者が「うちの子！」と主張して譲らなかったり、にぎやかに盛り上がりました。終えてみて、保護者の1人が「見ているようで見ていないものですね〜」とつぶやき、みんなが同意していたのが印象的でした。

アイディア❼　　　ストレス解消法の紹介

　保護者自身のストレス解消法を紹介し合って、保護者同士の親睦を深めるアイディアです。子どものことよりも、保護者自身の話のほうが盛り上がります。

やり方

　自己紹介のときに、自身のストレス解消法を1つ挙げてもらいます。思いつかないという人には無理強いしないようにしましょう。

ポイント

・年度始めの保護者会や懇談会に取り入れるといいでしょう。
・保育者も発表して、雰囲気を盛り上げましょう。
・盛り上がりすぎて、収拾がつかなくなることがあるので、1人が話す時間（3分間程度）を決めておくといいでしょう。

実践コメント●時間オーバーするほど盛り上がりました

　初めての保護者会で取り入れました。自己紹介をお願いすると、たいてい「○○の父（母）です。よろしくお願いします」で終わってしまうので、ストレス解消法を添えてもらうようにお願いしたところ、予想以上に盛り上がりました。「一人カラオケに行きます」「ヨガで呼吸を整えます」「飲みます」「買い物します」「爆睡ですっきりです」など、いろいろな解消法が紹介され、興味をもった保護者が「どこでやっているんですか」と質問するなど、大幅に時間を超えてしまい、後がバタバタになってしまいました。進行としては、いろいろ反省が残りましたが、保護者の表情がどんどん和らいで、とてもいい会になりました。

アイディア❽　褒め合いゲーム

　保護者同士で第一印象を褒め合うやり取りです。誰でも人から褒められるのは、うれしいもの。新年度最初の保護者会や懇談会で取り入れ、保護者同士が近づくきっかけにしましょう。

やり方

（1）1人に1枚ずつA4程度のコピー用紙を渡し、それぞれ両面テープか安全ピンで背中に留め合います。水性フェルトペンを1人に1本ずつ渡します。

（2）自分の隣の人の第一印象やイメージを書いていきます。このとき、書いていいのは、後で読んでうれしいと思えることだけです。

（3）ゲームの時間は8分間程度。1人に3つくらいを目安とします。

（4）時間が来たら、それぞれ背中の紙を外して、いちばんうれしいと思う言葉に丸をつけ、発表します。

ポイント

・どの人にも3つくらいの褒め言葉が残るよう、ようすを見ながら、保育者が声をかけるようにしましょう。
・やり方の（4）のあと、丸をつけた言葉をもとに、自己紹介をしてもらうのも楽しいです。

実践事例　あ・ら・かると

紹介したアイディア以外に、現場で実践されたアイディアや事例を紹介します。

事例1　子どもの好きなおもちゃの当てっこ

0歳児を担任したとき、年度末の最後の保護者会で、普段子どもたちがよくあそぶおもちゃをずらり並べ、「ご自分のお子さんがいちばんお気に入りのおもちゃはどれでしょう？」というゲームをやりました。迷わず、指さす保護者もいれば、迷う保護者もいて、楽しかったです。連絡帳やクラスだよりで、詳しくお伝えしているつもりでも、実物を見る機会は案外少なかったんだなと、担任として反省する場面でもありました。

事例2　百聞は一見に如かず

保護者会で、子どもたちのようすを報告するのですが、プリントを渡しても、文章だけだとイメージしにくいようです。「後でもらえばいい」という思いも働くようで、なかなか全員出席にはなりませんでした。ある年、保育中のようすをスマホのカメラで撮影した写真をスライドショーで紹介したところ、大好評！　それからは、毎回写真での紹介を保護者会のメニューのトップに入れるようにしました。もちろん、遅刻もなく、全員出席です。

たまに「写真データをコピーさせて」と言ってくる保護者がいるので、そういうことはできないことを事前に伝えるようにしています。また、写真に登場する子どもが偏らないよう配慮することも大事なポイントです。

事例3　発言の機会を公平にするために

保護者会や懇談会で、発言する人が決まってきたり、1人の保護者の話が長かったりして、うまく進行できないことがあります。そこで事前に、たとえば、「ほかの保護者に聞いてみたいこと」というテーマを伝え、当日、名刺大サイズのポストイットに書き込んでもらいます。その後、同じような内容の人同士でグループを作り、10分間ほど話し合い、話し合いの結果を発表してもらいます。こうすると、大勢の前で話すことが苦手な人も話すことができ、不公平感は和らぎます。グループによっては、保育者が入って進行をサポートしています。

4 保育者のストレス解消のコツ

　保護者対応に備えるための土台は、保育者自身がストレスをためずに心も体もリラックスさせておくことです。精神的にも肉体的にも余裕がなくなると、対応にも余裕がなくなってきます。日々、いろいろなことが起きる中で、意識的にリラックスさせておくコツを紹介します。

ポイント1　笑顔を意識する

　笑顔は自然に出るものではありません。朝起きたら、鏡を見て笑顔を作りましょう。また、夜、寝る前には必ず楽しいことを考えたり、楽しいことをしたりして、笑顔で眠れるように気持ちを切り替えます。平常時からそうした習慣を作っておくようにしましょう。
　園でも、朝、出勤してきたら、必ず鏡の前で笑顔を作ります。笑顔の中の自分に「今日も1日よろしくね」とあいさつしてもいいでしょう。

実践コメント●大きな鏡を設置

　出勤してくると、すぐさま保育や調理など、それぞれの持ち場で仕事が始まります。バタバタしているときは、すでに朝から眉間にしわが寄っている職員もいます。案外、自分では気がつきにくいものです。だからといって、「先生、顔が怖いよ」と注意を促すような言葉かけは、言われたほうにしてみれば、あまりうれしいものではないでしょう。
　そこで、それぞれが気づけるようにと、事務室と調理室に少し大きめの鏡を設置しました。わたし自身、ふっと見た自分の表情にびっくりすることがあります。自分の気持ちに活を入れるように、保育室に入る前に鏡を見るのが習慣になっている職員もいて、設置した効果を感じています。

ポイント2　深呼吸をする

　多くの保育者が、「苦手な親を作ってはいけない」と思い込んでいるようですが、人間関係ですから、相性のいい人がいれば、ちょっと引っかかってしまう相手もいることは、自然なことです。ただ、「苦手だから対応できない」というわけにはいきません。また、こちらが苦手と感じていると、相手も同じように感じているものです。そんな苦手な相手に対応するときに有効なのは、「深呼吸」です。

　普通に吸って吐くときに、「うーっ」と、うなる呼吸を15～16回繰り返します。苦しいときは吸うほうばかり力が入り、呼吸が浅くなるので、まずは吐くことを意識して大げさにやるのです。きちんと吐ければ、自然に吸えます。深呼吸を続けるうちに次第に心が落ち着いてきて、よい状態で対応できるようになります。

実践コメント●職員の「苦手感」を否定しない

　若い保育者の中には、年上の保護者との対応に苦手な感じをもっていたり、一度苦情を言われてから苦手になってしまったと悩んでいる人がいます。そういう職員の気持ちは否定せず、「苦手な人がいるのは当たり前」と伝えるようにしています。また、面談が予定されているときは、「わたし（園長）も一緒にお母さんと面談していると思ってね」と声をかけるようにしています。時には、自分が使っているペンをお守り代わりに渡して、気持ちが落ち着くようにすることもあります。あるいは、あえて「○○さんって、ちょっと苦手」と自分の気持ちを口に出すだけでも楽になるようです。

ポイント3　ストレスを翌日に持ち越さない

　まじめな保育者ほど、家庭にまで園の問題を持ち込み、どんどんストレスをためて、疲れ果てていきます。寝ても覚めても悩みに押しつぶされている状態では、考えることもネガティブになりがちです。そして、ネガティブな心情での対応からは、なかなかいい結果は導きにくいものです。

　ストレスを感じないで暮らしていくことはあり得ません。大事なことは、ストレスとどうつき合うかです。できるだけその日のストレスはその日のうちにはき出しましょう。そのための具体的な提案も必要です。たとえば、時々職員みんなに新聞紙を渡し「これから10分間くらい、思いきり感情を込めて破きましょう」という方法もあります。悩みをイメージしながら破ってもいいでしょう。

オススメワーク　職場でできるストレス解消法

　どんなふうにストレスを解消しようかとリストアップすることも、心を落ち着かせ、安定感をもたらします。職場でそれぞれが書き込んでみましょう。毎日だったら何をして解消するか、あるいは、家族で行うとすればどんなことがあるか、とリストアップ。どうしても思いつかない欄は空けておいてかまいません。あとで、それぞれが出し合っていくと、「あ、それ、いいな」と感じるものに出会えます。ちょっと得した気分になる楽しいワークです。

＊記入内容は一例です。

	1日1回	1週間に1回	1か月に1回	1年に1回
ひとりで	散歩 ストレッチ 晩酌	ジム ヨガ 朝寝坊	ショッピング	長めの休暇
みんなで （家族）	笑い合う	わが子と あそぶ	外食	温泉

実践事例　あ・ら・かると

ストレス解消は十人十色。そのほんの一部を紹介しましょう。

●登山でリフレッシュ

父親に勧められて始めた登山は、都会の生活や仕事のことを一時的に忘れてリフレッシュできる、とっておきのストレス解消です。下山の後の温泉というおまけ付きで、心身ともに「デトックス」効果抜群です！

●ガーデニングで幸せ気分を満喫

ガーデニングには、「どんな花にしようか」と咲いたときの色合いを思い浮かべ、デザインする楽しさがあります。行きつけの花屋さんとそんな話をするひとときも楽しく、仕事のストレスを忘れます。

●陶芸で静かに過ごす

仕事でいつもたくさんの音の中にいるせいか、休日は静かに過ごすことが好きです。中でも、陶芸は、静かな空間で無心になって制作に没頭できる貴重な時間。土に触るというのがいいのかも。

●「おひとり様」に魅せられて

気心のしれた友達とのおしゃべりも楽しいですが、一人旅、一人カラオケもなかなか楽しいものです。最初だけちょっと勇気がいりますが、そのハードルを越えてしまえば、誰に気を遣うこともないのびのびとした時間が味わえます。

●ヨガで深い呼吸を

仕事に家事に息つく暇もない毎日。気がつけば、息を詰めて、肩に力を入れて、頑張っているようです。ヨガはそんなわたしの気持ちと体をリセットする大事な時間。深い呼吸をすることで、血流がよくなり、心もほわっと軽くなります。不思議なもので、ちょっと気になっていることも、「ま、いいか」とポジティブシンキングになります。

●パン作りでストレス発散

パンが焼けるときのなんとも言えない香りにいやされます。が、何よりもいやされるのは、発酵させたパン種を思いきりテーブルに投げつけるときです。何度も力いっぱいたたきつけながら、わたしのストレスも一緒に投げ捨てている気分を味わっています。おまけに「おいしい」から一石二鳥です。

（NPO法人東京都公立保育園研究会の機関誌『広報』を参考に構成）

実践事例　　　　　新人保育者を支える

　新人や経験の浅い保育者には、特別の配慮や支えが必要です。私たちの自治体には公立保育園が20園近くあります。新人は毎年各園に1、2名の割で採用されます。行政研修などもきちんと行われていますが、これから保育を担っていってくれる新人さんに、自分たちにもできることはないかと、5年前から7人の園長が手弁当で新人研修を行ってきています。

　年に7回、夕方の5時～7時くらいを使って、7人の園が持ち回りで会場になります。自治体の「保育マニュアル」があるので、それを学ぶカリキュラムに一応してあるのですが、新人さんたちにとっては、同じ立場の仲間が一堂に集まって交流できることが一番うれしいようです。やはり、1年目は不安や悩みはいっぱいです。先輩の保育のやり方への疑問や、職場での人間関係、保護者との対応の難しさ……ぐちも含めて自由に話し合ってもらうことを重視しています。それぞれの職場では1人でも、各園から20人近く集まると、みんな同じなんだと思えて、楽しそうに話しがはずみます。このことひとつで大事な目的達成です。出された疑問には、その場でこたえられる範囲で丁寧に話してあげます。

　各保育園には前年に新人だった保育者（2年目）が新人さんをサポートするチューター制度があります。前年自分が新人だったときの経験を生かして、ペアになってケアするのです。

　そして、副園長がチューターをサポートする、という関係をとっています。新人さんには、1枚の用紙を1週間の目盛りで区切った、簡単な日誌形式のものに、毎日の気づきや疑問などをごく簡単にひとことかふたこと書いてもらいます。それに対して副園長がコメントやアドバイスを添えてあげます。本当にちょっとした気づきを書き連ねていくだけのものですが、1年続けると子どもを見る目や保育に対する見方がグッと深まっていくのがわかります。

　保育者2年目になった以降は、この新人研修を機会に同期で自主研究会（交流会？）がつくられたりしていきます。こうして自分たちでチームをつくって育ちあっていくことが大切なのだと思います。

第 3 部

トラブルを
大きくしない対処の
方程式

　残念なことに保護者との間にトラブルが起きました。どう解決したらいいでしょう？　この場合、しばしば「保護者のつもり」と「園側・保育者のつもり」は大きく食い違っています。どちらかの「つもり」をとれば、一方に不満が残り、解決には向かいません。相手の立場を実感する方法と、よりよい解決策を考えるための「方程式」を提案します。

1 トラブルに備えたワークとトレーニング

　保護者対応でのトラブルはいつでもどこでも起こりうる日常的な出来事です。そして、トラブルが大きく広がるか、収束していくかは、たいてい初期対応にかかっています。いざというときに慌てず対応できるよう、園内での研修を重ねましょう。すでに現場で実践され、短期間で効果を実感できるワークやトレーニングを紹介します。

ワーク1　やさしく相手に伝える技法「20の1」

　保育者は気になる保護者に伝えたいと思うと、どうしても「あれも、これも」と考えてしまいます。そして、そんな保育者の気配を察して、保護者は保育者を避けるようになります。「あれこれ言いたい」保育者と「言われたくない」保護者のままでは、なかなか前には進めません。相手を変えるのではなく、こちらが変わるしかないのです。

＊20ページ「保護者対応にベストな対応はない」に関連するワークです。

やり方　　（複数担任の場合）　（15〜30分）

（1）1人20枚のカード（紙片）を用意する。
（2）それぞれが同じ保護者に、たとえば「忘れ物をしないでほしい」「登降園を守ってほしい」「あいさつを返してほしい」など、言いたいことを1枚に1つずつ書く。

20に満たなくてもかまいません。思いついた分だけでもOKです。

（3）全部書き終えたら、言いたい順番に番号を振る。

＊どうしても順番が重なる場合は
2～3日おいてつけ直すといい
です。

（4）全部のカードに1から20まで番号を振ったら、2から20のカードを怒りの気持ちを込めて破く。
（5）それぞれが残した「1」のどれか1つに絞る。このとき、多数決で決めるのではなく、たとえば、保護者がこたえやすいことにするかとか、緊急性の高いことにするかなど、1つずつ吟味し、話し合うことが大切。
（6）具体的に誰がどういうときに伝えればいいのか考える。

Advice

・1人担任の場合は、園長や主任に入ってもらって同じように行いましょう。1人ではなかなか力がつきません。チームを作ってやってみることが大事です。
・長くても3か月あれば、この「1」が達成できます。クリアしたら、また1～20を決めていきますが、1つクリアすると、一緒にクリアできることが必ずあるので、どんどん数は減っていきます。

ワーク2　　15分あればできる「ぐちトーク」

　保護者との間に起きた小さなトラブルが大きくなる原因として、保育者の生真面目さが問題を大きくする場合もあります。その背景として、保護者についてぐちや弱音を言えない職場の空気があるようです。問題が起きたときは特に、ぐちや弱音をはき出す機会を園内で意識的に作りましょう。仲間の支えを実感することで、冷静に対応する落ち着きや余裕を取り戻すことができます。

やり方

（1）問題を抱えた保育者を入れて、他クラスの担任やリーダー格など、5〜6人を集める。
（2）司会者を1人決め、保護者からクレームを受けている保育者に話をさせる（5分間程度）。この間は、ほかのメンバーは口を挟まず、黙って聞く。
（3）聞いた感想をそれぞれが出し合う（5分位）。
（4）全員でどう対処すればいいかを話し合う（5分位）。

Advice

・話をしている間に泣いてしまう場合もありますが、そのまま感情を出させてしまいます。
・司会者は5分経ったら話を止めます。
・園長や主任は話し合いには入らず、報告だけ受けるようにします。

実践コメント●気持ちをリセットできる

「子どもも産んでいないのに」「若いからわからないのよ」といった保護者からの一言をきっかけに、その保護者に苦手意識をもつことがあります。でも、「聞いて、聞いて」とぐちにしてはき出すことで、気持ちをリセットし、自信を取り戻せるようです。ほかのメンバーにとっても、「黙って聞く」という経験をするいい機会になっています。

ワーク3　　　コミュ力を鍛える「失敗トーク」

　うっかり言った一言が決定的な失言につながることがあります。日常的な「うっかり」を互いに振り返る時間をもつのも有効です。

やり方

　言ってしまった失敗談や、言われて傷ついたエピソードを職員間で語り合います。1対1でもいいし、3～4人のグループで出し合ってもいいです。

> お迎えにいらした白髪頭の男性を見て、「今日はおじいちゃんなのね」と言ってしまい、あとで担任から「お父さんですよ」と知らされました。翌日、お母さんに平謝りでした。

> 久しぶりにお迎えにきた園児のおばあちゃんから「おや、先生、おめでた？」と言われ、けっこうショックでした。

ここがポイント

・失言（言ってはいけないことを、不注意で言ってしまうこと）かどうかを決めるのは常に「言われた側」です。いろいろな失敗談を通して「言われたときの気持ち」をイメージすることが、「言葉を選ぶ」意識を育てていきます。

ワーク4　　多様な視点から問題をとらえ直す「ロールプレイ」

　ロールプレイとは、現実に起こる場面を想定し、複数の人間がそれぞれの役割を演じることで、実際に起きたときに適切に対応できるようにする学びの手法です。立場が変われば、同じ問題も感じ方や受け取り方が違ってきます。少し視点を変えて、問題をとらえ直す経験を重ねていきましょう。

やり方　　＊次ページの具体例参照。

（1）気になる場面、よくある場面など、参加者で話し合って、演じるテーマを決める。
（2）時間や場所、状況を決める。
（3）配役を決める。誰がどの役をやってもＯＫ。
（4）簡単な流れやポイントになるセリフなど、展開を決める。
（5）シナリオを作る。

役名がわかるようにして行うといいでしょう。

ここがポイント

・時間は、おおよそ10～20分程度を目安としますが、初心者同士の場合は、短めのやり取りから始めるといいでしょう。
・全員が演者になってもいいし、見ている人と演者に分かれてもかまいません。
・必ずシナリオが必要ということはありません。演技時間が短い場合は、どういうやり取りで展開するか、簡単に打ち合わせるだけでもかまいません。
・上手に演じることが目的ではありません。演じることを恥ずかしがっていると学習効果は低くなります。その人の立場になった気持ちをイメージし、表現していくことが必要です。

実践事例　ロールプレイ：お迎え時の母親とのトラブル

●テーマ
「延長保育ぎりぎりのお迎えで、おやつを食べられなかったことへの不満」

●時間・場所・状況
・夕方6時過ぎ、2歳児クラスの保育室で。
・延長保育の申し込みをしていないひろこちゃん（2歳児）のお迎えが6時を過ぎてもまだない。延長担当の保育者が延長保育の子どもたちを連れて移動するときに、ひろこちゃんも一緒について行きたくて泣く。
・おやつがあることを知っているひろこちゃんは「おやつを食べたい」と泣いてせがむ。
・ちょうどそこへ母親が迎えに来た。大泣きをしているわが子を見て、「なぜ食べさせてくれないのか」と訴える。

●背景
夕方6時になると、延長保育の子どもたちを一部屋に集める。
6時15分頃おやつを、7時に夕食を出している。
以前は6時におやつを出していたこともある。

●登場人物
担任（遅番）
ひろこちゃん（2歳児）
母親
園長
その他の保育者
その他の園児

●シナリオ

担　任（遅番）：お片づけの時間ですよ。
園児１：○○は延長だよ。
園児２：△△も今日は延長！
園児１：同じだね～。
ひろこ：ひろこは延長じゃない。
その他の保育者：延長のお友だち、行きますよ～。
ひろこ：ひろこも行く！　ギャー！（大泣き）
担　任（遅番）：ひろこちゃんは行かないのよ。
母　親：あ、どうも、ただいま～。
担　任（遅番）：おかえりなさい。ほら、ひろこちゃん、お迎えよ～。
ひろこ：おかあさ～ん！（泣きながら）
母　親：あら、どうしたの？
その他の保育者：はい、延長のお友だち～。並びましょう。

　　　……その他の保育者と園児１、２は退場……

担　任（遅番）：おやつを食べたいって。
母　親：ああ、延長のおやつ。こんなに泣いていても、ダメなんですね。食べさせてもらったときもありましたけど。
担　任（遅番）：これから延長保育のお部屋へ移動して食べるので。
ひろこ　おやつ食べたーい！　食べたい～！
母　親：こんなに泣かせて！　そんなに規則って大事ですか。まだ３歳なんですよ。
担　任（遅番）：ごめんなさいね。でも……。
母　親：ひどい！
ひろこ：食べたい～。ギャ～！（大泣き）
園　長：どうしたの？
母　親：一口、あげてくれたら収まることなのに。規則、規則って。こんなに泣いているのに。
園　長：……ちょっと待っててくださいね。
ひろこ：おやつ食べたいよ～。
園　長：１個、余分にありました。ひろこちゃん、どうぞ。

母　親：わざと遅くなっているわけじゃないんですよ。今日は退社間際にちょっとごたごたあって。規則はわかってますけど、そこはケースバイケースでもう少し優しい気持ちで対応してもらうわけにはいかないんでしょうか。この子は３月生まれで、まだ幼いんですよ。

担　任（遅番）：園長先生がお母さんとお話するから、その間、先生とあそぼうか？

ひろこ：……うん。

　　　　　　……保育者（遅番）とひろこは退場……

●ここまでやってみて、それぞれの演者は、どんな気持ちだったか、聞いてみましょう。実際にやってみて初めて気がつくことがあります。

●この続きを作ってみてください。
・あなたが園長ならどう対応しますか。
・お母さんなら、どうしますか。
・担任（遅番）役なら、最後にお母さんにどう対応するでしょう？

実践事例　　　ロールプレイ：電話応対

　電話でのやり取りをロールプレイでやっています。電話でのやり取りは、こちらがそういうつもりでなくても、受け取る人によって誤解を招きやすく、トラブルの元になりがちです。ロールプレイでは、病気の場合と、事故（けが）の場合を想定して、演じる人を交代しながら、行っています。
　「○○ちゃんのママだったら、こういうふうに言うかも」「△△ちゃんのママにはそういう伝え方はどうだろうか」と、対応を気をつけたいと感じている保護者を想定しながら行う保育者もいます。
　また、演じた場面を第三者が書き留め、気づいた点をメモして、後で振り返るようにしています。

＜場面例＞

●**病気の場合**

「０歳児が発熱、38.1度。現在12時過ぎ。お迎えは19時。食欲がなく機嫌も悪い。クラスでインフルエンザが流行中」

●**けがの場合**

「３歳児が園庭で三輪車に乗っていて転倒。転んだときに右腕をついた。痛がって腕を動かそうとしない。受診をしたい」

記録用紙

	保育者役	保護者役	気づいたこと
「事例タイトル」			

第3部　トラブルを大きくしない対処の方程式　93

トレーニング　定期的に行える「問題検討会」

　今、園でどんなことが気になるか、また困っているかについて、一人ひとりが言葉にしてみましょう。言葉にすることで、自分自身が気づくことがあります。また、それぞれの問題にどう対応するかをシミュレーションする感覚を身につける機会にもなります。

やり方

（1）4人前後で1グループを作り、司会者を1人決める。
（2）司会者から順番に、1人1分程度で、今、園で気になることや困っていることを話していく。このとき大事なことは、自身が気になったり、困ったりしていることを話すということ。（たとえば、○○ちゃんのお母さんが、あいさつを返してくれない、など）
（3）それぞれがかかえている問題について、「とりあえずどうなりたいか」「そのために、さしあたり何ができるか」を視点に、グループ内で1人につき10分ずつ話し合う。

ここがポイント

・司会者をのぞく3人の問題を一人につき、発表1分＋話し合い10分程度使うので、30分もあればある程度の話し合いができます。
・ルールは「事前の準備はしない」「自分のことを話す」の2つです。このルールを守れば、継続して行っていけます。

2 クレーム初期対応のポイント

　保護者対応で困っている事例を聞くと、多くのケースに初期対応でのつまずきが見られます。穏やかに収まるか否かは、初期対応にかかっているといえるようです。保護者からのクレームに対応する最初の1歩にはどんなことが必要なのでしょう。基本をまとめました。

心構え　プライドを傷つけない

　今の保護者は否定されることにとても敏感です。「もっとわたしを大事にしてほしい」と思っています。ですから、理不尽なものと思うようなクレームであっても、「門前払い」にすることは、相手のプライドを傷つけます。まずは丁寧に言い分を聞くことが不可欠です。

対応の基本　ポイントは3つ

①クレームを受けるときは、保護者側が1名なら、保育者側は2名で受ける。

　1対2の構図で受けるという意識ではなく、発言を冷静に聞く第三者的な立場で同席するということです。そうすることで、保護者と保育者、それぞれの発言について、後日、「言った」「言わない」のやり取りを防ぐことができます。従って、受け答えは、保護者が話を振らない限り、できるだけ1人の保育者が行うようにします。

②話を聞く場所の快適な環境設定を心がける。

　例として、デパートの苦情処理マニュアルの一部を紹介します。
- 室温に配慮し、暑いときは涼しく、寒いときは暖かくする。
　できるだけ暑さや寒さを負担に感じない場所に移動するようにしましょう。
- どんなときでも冷たい飲み物を出す。
　冷たい飲み物を出すことで、興奮しやすい心理状態のクールダウンを促します。
- できれば甘い物を用意する。
　甘い物を口に含むと、多くの人は少し気持ちが落ち着きます。

③相手の話をよく聞く。(相手の言い分を「受けとめる」)

・言われたことに反論してはいけません。相手から聞かれたときだけ、短く答えます。答える内容に主観を入れないように気をつけましょう。事実だけ話します。
・人の話を聞きながらも、どう答えようかと自分が話す内容を考えがちです。答えを考える必要はありません。言葉の背後にある気持ちを含めて相手を真に共感的に理解するために、聞くことに集中しましょう。

Advice　話を聞くときに陥りやすいこと

「聞くことに集中する」ということは簡単なことではありません。人の話を聞いているときの自分自身を振り返ってみましょう。

本当に相手が言いたいことをそのまま聞いていますか？

☐自分の関心のあることだけを聞いている。
☐自分に都合のいいように聞いている。
☐勝手に先を想像して聞いている。
☐反論しようと、自分の考えとの違いを見つけるために聞いている。

最後まで聞かずに、すぐに口を差し挟んでいませんか？

☐人の話を聞くより、自分が話すことを聞いて欲しいと思っている。
☐「専門家」として、教えてあげようと指導しがち。

事例1　「反論」は「クレーム」を育てる

　園では、「自分のことは自分でしようね」と働きかけて、年齢や発達に応じた援助を行っています。2歳児後半になると、着替えた後のシャツも、自分でかばんの中に入れるようになりますが、Kちゃんは、ほかの子の着替えも自分のかばんに入れてしまうことがあります。

　ある朝、Kちゃんのお母さんから「ほかのお子さんの汚れ物が混ざっていたので、洗っておきました！」とやや強い調子で洗濯物を手渡されました。お母さんは、保育者が入れ間違えたと思っているのです。もし、ここで、「わたしたちが間違えたのではありませんよ。Kちゃんが勝手に入れているのです」などと反論すれば、このお母さんのもやもやとした不満は、「不快感」や「不信感」に膨らんでしまいます。ですので、保育者はさし出された洗濯物を受け取りながら、「すみません。助かりました」と返すようにしています。そのうえで、担任間で「Kちゃんが持ち帰る前に、最後にちょっと注意して見ておこうね」と声をかけあっています。

　それでも、うっかり確認し忘れたときに限って、ほかの子のタオルが入っていて、「また入っていました！」と言われてしまいました。保育者がKちゃん自身に注意を促すという方法もありますが、注意の仕方に気をつけないと、Kちゃんがお母さんに「先生に怒られた」と言う場合もあります。話を聞いた母親が「どういうことですか！」と抗議してきて、不満が怒りに発展してしまうかもしれません。実は、こうしたトラブル以前の小さな出来事が、対応次第でクレームの対象になっていくのです。

事例2　　誤解を生んだアプローチ

　月曜日の朝の保育室。保護者は、土日で洗濯した午睡用の布団カバーをセットしたり、着替えの補充をしたり、普段以上に忙しいのです。ある朝、Ｄちゃんの父親が、慣れない手つきで布団カバーをセットしていました。手際よくセットしていくお母さん達に比べると、明らかにもたもたしています。そんなＤちゃんの父親の様子に気がついた保育者が、「お父さん、後はやっておきますから、どうぞ行ってください」と声をかけました。声をかけた保育者は、Ｄちゃんの父親がいつまでも保育室にいることのＤちゃんへの影響を考えたのです。週明け月曜の登園ということで、Ｄちゃん自身もちょっと気持ちが不安定な様子でした。

　ところが後日、この場面を近くで見ていたＦちゃんのお母さんから、「お父さんだけ手伝うというのは問題じゃないか」という声が寄せられたのです。そこで、保育者はあの朝の言動の根拠になったＤちゃんの不安定な様子を説明し、「でもご指摘いただいてありがとうございました。行動だけ見たら、お母さんのように感じてしまう人もいますよね。次回からは気をつけるようにします」と言葉を添え、誤解を解くことができました。

事例3　　　　対応の中味を公開する

　保護者からのクレームには極めて個人的な事情で発生しているケースから、システムやルールなど園運営への不満が土台になっているものまで、いろいろな種類があります。公立保育園から公設民営になって、私が園長職に就いたとき、「今までとやり方が違う」「公立のときは、○○だった」といったクレームを繰り返し言ってくる保護者がいました。

　最初は「こまかく言ってくる人だな」と思いながら対応していたのですが、ある日、その保護者が「わたしだけではないと思う。みなさんも思っておられるはずですよ」と言ったのをきっかけにして、「では、このやり取りを公開しよう」ということになりました。

　たとえば、「雨降りのときのベビーカーの設置の場所がわかりにくい」「絵本の貸し出しのやり方が厳しい」といったクレームに対して、事務室前にイーゼルを設置して、「○○というご意見が寄せられました」と書き出し、そのことにどう答えたかを公開しました。

　確かに、その保護者が言うように、システムやルールについての不満は、言葉にする人だけではありません。潜在的に同じような感想をもっている保護者がいるでしょう。誰しも、慣れ親しんだ環境が変わることへの漠然とした不安感や、新しい職員への不信感があるはずです。事務室前に公開してみると、多くの保護者が立ち止まって読んでいることに気がつきました。

　繰り返しクレームを寄せてくる保護者に、その都度対応することは大変でしたが、大きなクレームの嵐に広がることは防げたのかもしれません。

事例4　　初期対応を誤らないための面談

　入園前の面談で、家族関係や家庭の状況を詳しく聞き取ります。その前に、入園前のオリエンテーションで、子ども支援のためにも、1人ずつのジェノグラム＊（家族図）を作らせてほしいことを伝え、「可能な範囲でできるだけ詳しくお話いただけたら」と説明をしておきます。

　そして、面談では、たとえば、

- 両親が迎えに来られないときは誰に頼むのか
- お母さんの兄弟関係
- 一緒に住んでいるのは誰なのかといったことも聞いておきます。

　曾祖父母が健在の場合は、

- どういう状況で暮らしておられるのか
- もし一人暮らしだとしたら、その人の世話は誰がしているのか

といったことまで聞いておくと、祖母からのサポートが可能なのか、お母さんのストレスにどう影響するのかといったこともわかってきます。

　たとえば、子どもが熱を出したときに、もしお母さんがすぐに来られない場合、連絡を入れていい相手と、連絡してはいけない相手なども知っておく必要があります。しばらく園で預かるほうがいい事情の家庭もあります。そのあたりのことを事前に知っておくと、「すぐに迎えに来いと言われた」といった苦情やトラブルを未然に防ぐことができます。再婚家庭の場合は、最初の配偶者との間にできた子どもの話とか、前夫とは現在どういうつきあいをしているのかといったことも聞いておけると、いざというときに慌てなくてすみます。

＊ジェノグラムについての詳しい内容は32〜44ページで紹介しています。

事例5　　専門家の協力で「相談室」を設ける

　保護者が園を頼って、保護者自身の不安感を訴えてくる場合があります。けれど、担当保育者がそうした不安感を聴きとることが時間的にも技術的にも難しいことがよくあります。そんなときのために、月に一度、外部の相談員を招いて、「相談室」を開いています。相談員は、カウンセリングの専門知識を備えた専門家＊です。

　最初に相手をした担当保育者は、「今度、○日に専門の相談員が来て話を伺う相談室があるので、そこで話をしてみませんか」と提案し、保護者の了解をとった後、主任につなぎ、主任から相談室の相談員につなぎます。相談員に引き継がれた後の内容は、園側には知らされません。多くの保護者が、相談員の質問に答えたり、状況を説明したりしているうちに、問題が明確になったり、新たな気づきを得たりして、解決はできないものの「話してよかった」という思いをもつようです。

■相談事例1

　最初の相談事は、「たばこを吸うと夫が怒るのがイヤ」という訴えでした。が、いろいろ質問していく中で、夫の精神状態が不安定なため、母親も精神的に余裕がなくなり、よくないと思いつつたばこに頼ってしまうことや、子どもたちも両親の様子を敏感に感じ取っているという状況が見えてきました。話をした母親は、「自分がやるべきことが見えてきました」と言って、少し笑顔になって帰っていきました。

■相談事例2

　孫に吃音が出るようになり、小学校が心配という祖母からの相談を受けました。母親（娘）が事故で亡くなり、生活が落ち着くまで孫を引き取って一緒に暮らしているということでした。父親（娘婿）は預けっぱなしで会いにも来ないという状況の中で、吃音が現れるようになりました。吃音については近くの専門機関を紹介し、相談室では孫の父親に関する不満や不安をできるだけ吐きだしてもらいました。数回の面談を重ね、少しずつおばあさんの気持ちも落ち着いていきました。

＊相談員の派遣については、「子ども総合研究所」（電話03-3221-0221）に相談するといいでしょう。

相談室の案内例／○○○保育園（東京都）の場合

○○○保育園　相談室

　お子さんの発達、ご家族に関することなど、保護者の皆さんが誰かに聴いてもらいたいと思っていることはありませんか。「こんなこと相談していいのかな？」と思わず、気軽に相談してください。月に１回、カウンセラーによる相談室を開設しています。カウンセラーは、相談室で話された内容を園の職員やほかに話すことは絶対ありません。どうぞご安心ください。

＜日程・時間など＞
　毎月　○日　　16:30～19:15　　相談時間は１組45分間。１日３組まで。

＜初回申し込み＞
　ご希望の方は、初回は事務所にてご予約ください。
　簡単な申込用紙に名前、希望日、時間帯をご記入いただきます。
　２回目以降は、カウンセラーと直接お約束ができます。

＜相談日当日＞
　相談中、お子さんは保育をしています。
　クラスには顔を出さずに、直接事務所にお越しください。相談室は事務所２階の和室です。

カウンセラー紹介　○○○○

　短期大学保育科卒業。
　故郷に戻り、幼稚園に勤務した後、都内の公立保育園に勤務。杉並区で園長職に就いた折、子育てに悩んだお母さんたちのお話を聴くことが多く、カウンセリングの勉強を始めた。
　2005年、日本カウンセラー学院にて臨床心理カウンセラーの資格を取得。保育園退職後は、お母さんのためのカウンセリングルームをオープンし、子育て中のお母さんたちとかかわってきた。また、認定こども園園長、保育団体の子育て相談を行い、現在は自宅にてカウンセリングを行っている。

3 小さな事故（けが）の初期対応

　子どもの成長に、小さなけがはつきものですが、保護者にそう言うわけにはいきません。クレームに発展しないような初期対応のポイントを押さえておきましょう。

対応の基本

●事故が起きたとき

・首から上のけがは1人で判断せず、複数で判断しましょう。
・受診するか、様子を見るか、できれば保護者に判断をしてもらいます。
・引っかき傷は、訴訟になりやすいけがです。必ず医師の診察を受けます。

●事故を報告するとき

・保護者に弁解と取られるような表現はしないように気をつけます。
・事故に至るまでの経過（時系列）や、どんな現場だったのか、また、子どもや保育者はどこにいたのかなど、詳しく報告します。
・事実を隠さず、主観を入れずに報告します。

ここがポイント

- かみつきや引っかきなど、子ども同士のトラブルから起きたけがについて、園外で当事者の保護者同士がやり取りすることは控えてもらうよう伝えておきます。
- 報告する前に、同僚の前でリハーサルをしてみましょう。「早口で聞き取りにくい」「報告する順番を変えた方がいい」など、気がついたことをアドバイスしてもらいます。
- あらかじめ決まった書式の記録用紙＊を用意しておくといいでしょう。
- 当日のお迎えが祖父母の場合もあります。ジェノグラム（家族図）が作ってあれば、それを見てどういう配慮が必要か確認しておきましょう。
- 時系列と配置をそれぞれ図式化しておくと、状況を整理しやすいです。

＊記録用紙の一例を104ページで紹介しています。

〈時系列〉

	子ども（該当児K）	保育者	備　考
10：10	滑り台に駆け寄る	Aが滑り台の階段	5〜6人が上り始めている
10：20	滑り台を繰り返す	Aは同じ位置	並んで待つ状態
10：30	滑りおりたときに滑り台の前を三輪車で横切るBとぶつかる	並んで順に上る子どもをサポート	

〈配置〉

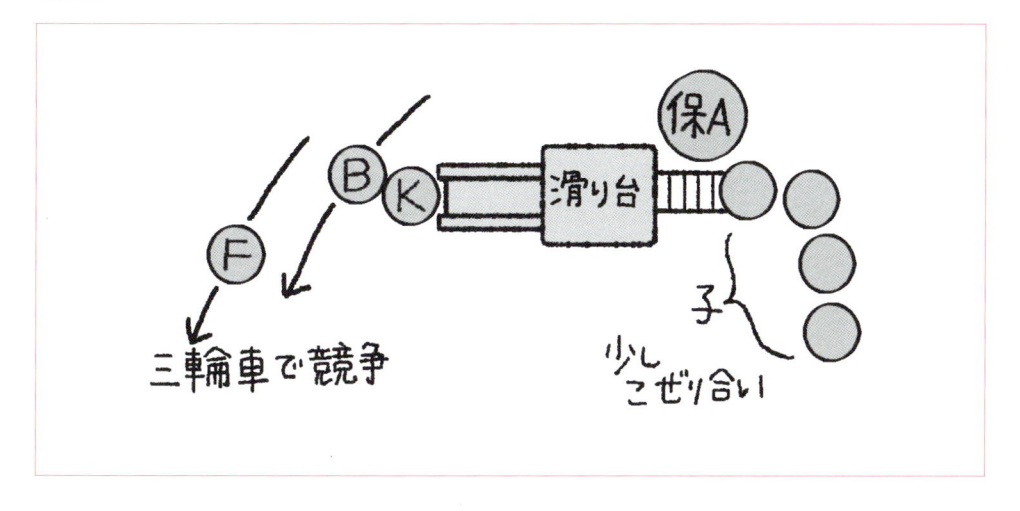

実践事例　けがや事故が起きたときの記録

実際に現場で使われている記録用紙と記入例を紹介します。書式を決めておくと、報告時のもれがなくなり、客観的な判断にも役立ちます。

けが・事故報告書

	園長	主任	担当者

平成　　年　　月　　日記

当事者(子ども)	組		名前		担当者名(その場に居た者)	

日　時	平成　　年　　月　　日（　）　　時　　分

場　所		処置担当者		通院の有無	園長への報告
けがが起きた状況				有　無	有　無
けがの状況					

報告内容（職員の配置状況、及び反省会の記録も記入）　　配置図

反省会内容（発言者とその内容、及び反省から見えてくる今後の対策や課題を記入）

保護者への報告状況（誰が誰にどのように伝えたかを明確に記入）　電話　直接　（どちらかに○）

＊自分はどうするべきだったか、どうすることで防げたかを具体的に記入してください。

ここがポイント

・かみつきや引っかきなども、同じ書式で記録を残します。
・誰も見ていないときに起きることがあるかもしれませんが、場所や起きた状況などを推測で書いては、記録の意味がありません。わからないことについては「不明」と事実を書き込むことが大事です。そのことで、何がいけなかったのかという振り返りができます。

記入例 *記入例に記された名前はいずれも仮名です。内容は実際の記入内容を元に整理しています。

けが・事故報告書

園長	主任	担当者
印	印	印

平成 ○ 年 □ 月 △ 日記

当事者(子ども)	組 たいよう　名前 篠田 真	担当者名(その場に居た者)	田畑
日　時	平成 ○ 年 □ 月 △ 日（　） 16時20分ころ		
場　所		処置担当者	通院の有無　園長への報告
けがが起きた状況	園庭であそんでいるとき。外の水道そばの階段で転倒。顔を地面に打ちつける。		有　無　　有　無
けがの状況	額2か所のすり傷とあざ　左まゆ毛付近と目のわきにもすり傷		

報告内容（職員の配置状況、及び反省会の記録も記入）

　午後のおやつの後、全員が園庭に出る。大きい子たちはおにごっこを、小さな子たちは園庭のあちこちに散らばって探索あそび。真ちゃんと健ちゃんはテラスであそんでいた。そのうち、健ちゃんが高い段差を降りようとしていたので、田畑はそばに行き、支えていた。そのとき、真ちゃんは水道のそばの階段を降りようとしていたが、危ない印象はなかった。その直後、バランスを崩して、階段を踏み外す感じで転倒。手が出なくて、いきなり顔を打った。

　傷を洗い、園長に連絡。顔のけがだったので、保護者に連絡して、医師に見せるかどうかを確認。園医の○○医院に連れて行った。連れて行く間は、患部を保冷剤で冷やした。○○先生の診察ではすり傷のみで問題はないとのことだった。塗り薬を処方。

配置図（怪我の箇所：すり傷／すり傷とあざ／すり傷）

反省会内容（発言者とその内容、及び反省から見えてくる今後の対策や課題を記入）

　全員を一斉に園庭に出したため、目が届きにくくなった。子どもの動きが落ち着くまで、時間差で外へ出すとか、あそぶ範囲を少し限定して、特に小さな子たちの動きを把握しやすくするなどの配慮が必要だった。

　また、真ちゃんと健ちゃんがほぼ同時に降りようとした場面では、どちらか1人に待つように声をかけるべきだった。

保護者への報告状況（誰が誰にどのように伝えたかを明確に記入）　電話　直接　（どちらかに○）

受診するかどうかで、直後に園長が電話。その後、医師の診察を受けた結果を田畑が電話で簡単に報告。お迎えの際に、田畑が母親に詳細を報告し、謝罪。

＊自分はどうするべきだったか、どうすることで防げたかを具体的に記入してください。

　午睡後で体力が回復し、動きたくてしかたがない時間帯だということをもっと意識するべきでした。また、転倒や転落を予測して近くにいたのに、「大丈夫だろう」と油断したことで、大きなけがを招いてしまった。「油断大敵」を肝に銘じたい。

事例から学ぶ初期対応のポイント

勝手な判断はトラブルの元

　5歳児が園で転んで頭を打ちました。担任は看護師と園長に来てもらい、そのときの状況を報告した後、どう対応するかを話し合いました。子どもの様子を確認すると、変わらず元気にあそんでいます。園長はこれまでの経験から問題がないのではないかと看護師に相談し、看護師も園長の判断に同意しました。従って、迎えに来た保護者にも何も伝えませんでした。ただ、保護者は、帰宅途中に、子どもから「園庭で転んで頭を打った」と聞いていました。聞いたときは、別段変わった様子もなかったのですが、帰宅後、突然子どもが吐いたのです。保護者は子どもが「頭を打った」と話していたことを思い出し、すっかりあわてて大騒ぎになりました。すでに帰宅していた園長も担任も大あわてで園に戻りました。

　医師にみせたところ、ちょうどはやっていた風邪による嘔吐と判明し、ほっと胸をなで下ろしたのと同時に、保護者に報告しなかったことを謝罪しました。

ここがポイント

　けがの場合、園長・看護師が判断し、不安があった場合はできるだけ受診します。経験値から大丈夫と思う場合でも「自分たちの経験では大丈夫かと考えるけれど、お母さん、どうしましょうか」と尋ね、「病院に連れて行ってほしい」という答えだったら、「園医でいいか、それとも指定の病院があるか」と聞き返します。こういうケースは、保護者によって反応が違うこともあります。保護者が園に対してどういうスタンスなのかを見極めながら対応を考えていく必要があります。この事例の園側の反省は「判断が甘かった」ということでしたが、「判断が甘かった」のではなくて、状況を伝えなかったことが間違いだったのです。

4 自園での対処の方程式をつくる

　今まで、トラブルが起きることを想定したワークやトレーニング、また初期対応の基本を紹介してきました。ここで本書のまとめとして、実際にトラブルが起きたときの問題整理について、方程式とも呼べる方法を紹介します。

●トラブルが収まらない要因

　保護者対応の要が初期対応にあることは、繰り返し述べてきました。しかし、自分たちは気をつけたつもりでも、残念ながら、トラブルが収まらないときがあります。現場は決してトラブルを放置しているわけではないのです。にも、かかわらずうまくいかないケースが多々あります。なぜでしょう？

　大きな要因として、トラブルについて話し合いの場を設けているにもかかわらず、その話し合いが次の対応につながるような内容ではないことが挙げられます。よくあるのは、リーダーや主任など主なメンバーが繰り返し発言し、ほかの保育者はほとんど発言しないで黙っている場面です。あるいは、問題になっているトラブルについて、「これからどうすればいいか」を話すのではなくて「そういえば、こんなこともあった」「わたしもこう言われた」と過ぎた話に時間を費やしてしまう場面もよくあります。そして、結論として、「では、この件は園長と主任にお願いしましょう」といった「お任せ」になってしまうのです。

●大事なことは2つ

　トラブルに対応するときに大事なことは次の2点です。
　①これからどうすればいいかを客観的にとらえる。
　②全職員の問題としてとらえ、知恵を出し合う。
　この2点を押さえて、有効な対応策を導き出せる1枚のシートを紹介します。いわば、1＋1が2にも3にもなるシートです。

問題を整理できる「対応策を考えるシート」

　問題は、それぞれの立場での言い分や考えがぶつかって起きるのですが、双方に理屈があるわけですから、解決しようと思っても容易ではありません。むしろ、解決しようと考えずに、問題がこれ以上大きくならないよう鎮めるためにどうすればいいかを考えることが大事です。

やり方

（1）クレームなど訴えてきた保護者の立場に立った対応（保護者が希望する対応）を「対応策を考えるシート1」のA案の欄に書く。
（2）保護者の要望を受けたうえで園側の立場に立った対応（園がイメージしている対応）をシートのB案の欄に書く。
（3）AとBをしっかり考えた後、AでもBでもない対応をシートのC案の欄に書く。
（4）3案がそろったところで、A、B、Cのどの案にするかを話し合って決める。

Advice

・園長、副園長、リーダーを中心に、ケースによってはクラス担任が加わって話し合います。
・C案は数の多い方がいいので、メンバーがそれぞれに出すようにします。その後話し合って1つに絞ります。
・結果的にA案を選ぶことになるケースもありますが、決定権は園にあることを意識して対応することが大事です。

対応策を考えるシート1

問題・現状

> 問題を共有する
> 問題を時系列に整理する（できるだけ感情的な部分は削除）

A案　保護者の側に立った案　　　B案　園の側に立った案

C案

> 保護者の側に立った案でもあり、園の側に立った案でもある
> どんな案でも園の側が主導権をにぎる。できるだけ複数案考える

＊園のリーダーが問題を共有し、対応策を考える。必要に応じて担任も参加させる

活用事例1　運動会の開催をめぐるやり取り

運動会開催の是非をめぐって、保護者から要望が出された事例です。

問題・現状

「この園は運動会を開催しないが、上の子が通っている保育園（公立）では、子どもたちが運動会を楽しんだ。その様子を見ていると、下の子があの楽しさを経験できないのはやはりかわいそう。運動会はやはり開催するべきではないか」と要望があった。

A案　保護者の側に立った案

- 園庭が狭くて園では運動会ができないが、他の場所を借りて運動会をする。

B案　園の側に立った案

- 園庭が狭いので運動会はしない。
- 日本の伝統的な行事を大事にしている園の基本的な考えを変えない。

C案

- 運動会はやらないが、日本の伝統的行事をするときにできるだけ保護者の参加を呼びかけていく。
- 参加できない行事などでは、写真やビデオを撮って保護者に観てもらう。
- 園の方針について理解を得るために、伝え方を考える。

活用事例2　アトピー性皮膚炎への見解の違い

まもなく1歳になる園児のアトピー性皮膚炎に関する事例です。

問題・現状

Aちゃん（0歳児）のアトピー性皮膚炎の症状がひどくなっていて、子どももつらそうだが、保護者が医療機関を受診しない。

A案　保護者の側に立った案

信頼する漢方医に相談したところ、まだ様子を見ていていいと言われている。この件については園とは話す必要を感じていない。

B案　園の側に立った案

日々の子どもの様子を記録しているが、常に気にしている姿がある。漢方医だけではなく、皮膚科への受診も勧めたい。

C案

・自分たちは専門家ではないから、園での記録を取り、地元医師会などの専門家に対応について相談する。
・0歳、1歳半、3歳児健診等の際に医師に話してもらうようにする。

応用　C案がいろいろ出た場合

　C案が複数出て絞りきれない場合、「対応策を考えるシート2」を使って、まずはD案とE案の2つに絞り、再び話し合いの場に戻します。このときは、主任やリーダー、担任だけで決めるのではなく、パートの職員も含めて全員に戻し、別の案がないかを聞いてみます。

活用事例3　父母会主催の行事でのトラブル

　父母会主催のバザーで父母会会長の独断を問題視する声が園に寄せられるようになりました。

対応策を考えるシート1

問題・現状

父母会主催の行事に関して。その運営について父母会会長の独断に対して批判続出

A案　会長の側に立った案

父母会会長から「父母会主催の行事なので、園は口出ししないでください」と言われているので、この件に関しては口出ししない。

B案　園の側に立った案

保育園を辞めるとか辞めないとかという保護者も出ている。トラブルになっているのを黙ってはおけないので、サポートする。

↓

C案

・役員会を招集する。
・無記名のアンケートを実施して、父母会全体の問題と考えてもらう。
・会長の話を聞く機会を設ける。
・非常手段として、園から何人か父母会役員側のサポートに入る。
・批判的な意見を持つ人の意見をまとめてもらい、どうしたいか話し合ってもらう。
・会長のサポート役を新たに選出する。

対応策を考えるシート2

問題・現状

父母会会長の独断に対する批判2

D案

いろいろな手段を使って会長の話を聞く機会を設ける。必要とあれば、園から何人か父母会役員側のサポートに入る。

E案

無記名のアンケートを実施して、父母会全体の問題と考えてもらう。

F案

その結果
　会長がふだん親しくしている用務員さんに話を聞いてもらうことで、解決の糸口を見つけた。

Advice

・問題の性質によっては、全職員で問題を共有すると意外な適任者(この場合は用務員さん)が分かったりします。
・思ったように運ばないようなら、また考え直しましょう。
・かみつきなど、保護者間のトラブルの場合は、2人の保護者を個別のケースとして、それぞれにシートを作り、問題を整理します。

実例紹介①　　　　　**対応策を考えるシート１**

問題・現状

> 発表会のビデオ撮影の場所が狭く、舞台全体を撮影できないという苦情が多数寄せられた。

A案　保護者の側に立った案

> 広い場を借りて、余裕あるビデオ席を設ける。

B案　園の側に立った案

> ・ビデオ席を設けず、舞台の子どもたちの様子をじっくり見てもらう。

C案

> ・保護者会主導で、業者に舞台全体の撮影をお願いし、後日販売する。
> ・保護者の出席を、自分の子どもが在籍しているクラスのみに限定して、ビデオ席を広く設ける。
> ・各クラスの発表ごとにビデオ席を交代で利用する。

実例紹介②　　　　　　**対応策を考えるシート１**

問題・現状

> 「園のあそびで戦いごっこは絶対にさせないでほしい。ほかの子がしているのも見せたくない」との要望が３歳児の保護者より寄せられた。

A案　保護者の側に立った案

> 戦いごっこは、ほかの子どもも含めて禁止とする。

B案　園の側に立った案

> すぐに禁止するのではなく、子どもたちみんなで考える機会を作って決める。

↓

C案

> ・戦いごっこより楽しいあそびを考える。
> ・保育のねらいや見通しを保護者に話し、子どもの様子を詳しく伝える。
> ・決して説得するのではなく、保護者の不安な思いを受け止め、話を聞きながら、心のキャッチボールをする。
> ・誰が、いつ、どこで、どんなふうに話すのかを決めて、丁寧に対応する。

| 実例紹介③ | 対応策を考えるシート1 |

問題・現状

> 園長・担任・保護者の３名による事務室での面談について、後日、プライベートな話もあるので、出入りが自由な事務室ではなく、個室がよかったと苦情が寄せられた。

A案　保護者の側に立った案

- 誰にも聞かれたくないことなど、プライベートなことは、個室で話したい。

B案　園の側に立った案

個室のスペースがないので、できない。パーテーションやカーテンで仕切り、せめて視界を遮る。

C案

- 何時から何時までと時間を限定して、その時間は関係者以外は事務所に入らない。電話は事務室の外で受け取る。
- 空いている保育室などを使う。

資料 虐待対応の基本

　子ども虐待について、子育ての最前線にいる保育園はどういう役割を担っているのでしょうか。知っておくべき対応の基本をまとめました。

虐待のサインに気づく

　実際の虐待事例への対応において、保育者や園が最初に果たせる役割は「気づき」です。虐待と判断するのは児童相談所ですが、疑いがある場合は、児童相談所や保育課など当該課に通告しなくてはいけません。

●**子どもの態度や状態**

　大きく3つの視点で分けることができます。子どもにこのような様子が見られたら気をつけてみましょう。

＜身体的な特徴＞
□体重の増加がない。
□不自然な外傷（打撲、あざ、やけど）が常時、あるいはときどき見られる。
□おしりがいつもただれていて、同じ服装で何日も過ごすなど、清潔感がない。

＜行動上の特徴＞
□給食で食欲がなかったり、何回もおかわりをしたりする。
□おびえたような泣き方をし、イライラ感や不安感があり、いつも情緒が不安定。
□ささいなことに反応し、感情の起伏が激しく、パニックを起こしやすい。
□嘘をつきとおそうとし、自分を守ろうとする。
□物への執着が強すぎる。また、友達や園の物を隠したり、かばんに入れたりする。
□自分に自信がなく、いつもおどおどしている。

＜対人関係における特徴＞
☐語りかけられても、表情が乏しく、笑わなかったり、視線が合わなかったりする。
☐用がなくても保育者のそばを離れたがらず、べたべたと甘えてくる。
☐わざわざ怒らせるようなふるまいをする。
☐弱い者へ暴力をふるう。
☐人なつっこく、だっこを求めるとやまない。

● **保護者の養育態度**

　保護者とのやり取りを通して気がつく場合もあります。

＜ネグレクト＞
　保育園でかかわることが比較的多いケースに「ネグレクト」があります。ネグレクトとは「保護者の怠慢や拒否により、健康状態や安全を損なう行為」をいいます。具体的には、次のようなことが該当します。
・家に閉じ込めて、学校にも登校させない（園児を登園させないことも）。
・重大な病気やけがをしても医療機関を受診しない。
・乳幼児を家に残したまま外出する。
・車の中に放置する。
・食事を十分に与えない。
・下着などを長時間取り替えない。
・ゴミの中で子育てをする。
　背景として、保護者のうつ病などの精神疾患、生活苦からのダブルワーク、保護者自身も放置して育てられたなどが考えられます。

＜事故＞
　保育者が子どものあざや打撲に気づいても、保護者の「これは転んだときのけが」という説明をそのまま受け止めている場合があります。そして、本当に事故の場合もあります。また、ぶつかるとあざになりやすい場合や、内出血が止まりにくい病気の場合もあります。保護者に事情を聞く場合は、相手を責めるような口調にならないように気をつけて、事実をありのままに聞く姿勢が重要です。保護者の説明が二転三転するようなら、虐待を疑ってみる必要があります。

＜しつけ＞
　子ども虐待の疑いがある保護者と話し合うとき、保護者はその事実を認めても、「これは

わが家のしつけ」と主張する場合があります。しつけと虐待の線引きは難しいですが、しつけなら何をしてもいいというわけではありません。子どもの自尊心を傷つけ、反逆心や敵意、憎しみをもたせることは、もはや「虐待」です。

保育園における虐待対応の留意点

園での虐待対応の特徴は、問題を抱えている親子を一緒に受け止め、見守りながら日常の保育の中で援助していくことです。保育園が「虐待かな」と気づいたとき、次のようなことに留意しましょう。

●子どもへの援助（保育内容）

虐待されて育ってきた子どもは、さまざまな問題行動を示すことが少なくありません。ありのままの自分を受け止め、受け入れてもらった経験がなく、徐々に「自分がいけない子だから」と思い込んでいるので、自分に自信がなく、他者にも信頼がもてません。保育者は、少しずつ「自分もやればできる」という自信をもてるようにかかわり、安心して生活できるように援助しなければいけません。

でも、集団の場での援助にはさまざまな課題があります。すべてを一人でやり切ることは不可能です。園長をはじめとする周囲のスタッフとチームであたる意識が大事です。

●親への援助（子育て支援）

ネグレクトに見られるような養育能力が不足している保護者に対しては、福祉事務所と連携して生活援助を行いますが、園では次のような方法で援助します。

・育児負担の軽減
　一定時間子どもと保護者を分離
・家事や育児のやり方を伝える
　育児の楽しさや子どもとの関係作りなどをアドバイス
・他機関を活用
　保護者の病気、子どもの障がい、貧困などの問題解決への取り組み
・ほかの保護者への協力要請
　保護者同士のやり取りなど、親として成長するためのサポート

●他機関との連携

虐待がある家庭はいろいろな問題を抱えているので、園だけですべての問題を解決することはできません。ほかの機関との連携が必要です。そのためには、ほかの機関がどんな機能

をもっているのか、ケース会議ではどういうふうに話し合うのかを理解し、連携して対応することが大事です。

　また、児童相談所、保健所、児童養護施設経由で子どもが入園する場合、保育園がすべて抱えこまないように、関係機関の援助体制をはっきりさせておくことも大切です。

● **保育園内での協力体制**

　保育園の中でも連携し、協力体制をとることが大切です。具体的な内容として、次の２つがポイントになります。

・複数対応の原則

　虐待児を抱えたクラスは、虐待児への対応とその親への援助が求められますが、担任がすべて抱えこむことがないよう、協力体制を作ることが必要です。子どもの保育は担任の保育者が行いますが、親には、園長、主任、看護師、栄養士など、それぞれ役割を分担し、対応します。これを「複数対応の原則」といいます。虐待児のいるクラスは、担任も複数にすることが望ましいです。

・職員会議のあり方

　園全体で協力体制をととのえるためには、職員会議で事例検討を行い、実態をよく理解しあうことが大切です。そして、どのクラスの保育士も必要に応じて支援ができる体制を作りましょう。また、プライバシーの保護や守秘義務遵守について、高い意識を身につけていくことが求められます。

　ここで述べた「虐待対応の基本」は、虐待に対する気づきと対応の基本的なことがらにすぎません。実際に体験するケースにどのように園・保育者として関わっていくかは、現場の方々が中心になって事例研究を重ねてきた成果を著した次の２冊の本から学ぶことをおすすめします。
『子ども虐待と保育園』『続　子ども虐待と保育園』（いずれも「保育と虐待対応事例研究会」編、ひとなる書房）

資料　虐待対応の基本

記録をとる

　「おかしいな」と気づいたとき、できるだけ正確な情報を伝え、共有していくために、記録をとることが大切です。特に決まった形式はありませんが、記録しておきたいポイントについて、園内で共通認識を図っておきましょう。

●**簡単なチェック表を作る**

　まずは簡単なチェック表を作って、全般的な状態を確認します。

・登園日数は虐待状況を知る上で必要です。
・入浴、自宅での睡眠など、その子に必要な項目を入れましょう。

日時	出欠席	登園時間	降園時間	朝食	備考
／（月）					
／（火）					
／（水）					

・特別に変化があった内容に関しては別紙に記入します。

『続　子ども虐待と保育園』P28より転載。

●特別に変化があったときの記録

事実と、推測や記録者の思いを混同しないよう、分けて記録します。

名前		生年月日	
家族状況	入所状況	\multicolumn{2}{c	}{ジェノグラム（家族図）}
父母の年齢、仕事、病気など きょうだいの状況		父 □─○ 母 □ ○	

日時	状　況	考　察
	＊事実のみ記入 ・けが、あざ、傷など、身体の状況 ・特に目立った問題行動 ・親子関係で気づいたこと ・親からのクレーム、トラブル、電話内容など	＊推測されることや、保育士の思いを記録する。そのとき対応した人や記録者の名前も書く。 関係機関からの連絡内容、ほかの保護者とのトラブルについても記録する

『続　子ども虐待と保育園』P29より転載。

記録　　　園名＿＿＿＿＿＿＿＿＿＿

名前		生年月日	
家族状況	入所状況	ジェノグラム（家族図）

日時	状　況	考　察

＊コピーしてお使いください。

まとめにかえて

　私がある市立A保育園から受けた相談事例です。保護者の中に何かにつけてとてもきついクレームを繰り返す方がいました。関わりのある学校や施設へのクレームが絶えず、役所にも抗議に出向いたり、新聞社に通報をしたりします。そのために教師の一人が体調を崩して休職するという出来事もありました。

　A保育園へのクレームが目立ち始めたころ、相談を受けることになりました。この方はどうも世話役をしたがるタイプで、同時に、自分の意見に周りを従わせたい方のようです。行事等で父母会側の実行委員長に名乗り出て、様々な提案を出すのですが、全体の意向を無視して自分の意見を通そうとするので、他の保護者から反発されます。すると、反発した人に対して些細なことを取り上げてのクレームが始まるのです。職員に関しては特に若い保育者に対して、いろいろ問いただしては、答えがよくないと「あの保育者は問題だ」と園長や役所にクレームをつけます。いったんクレームを始めると1時間くらい続きます。

　ある日、園の規則を巡るちょっとした行き違いから、その保護者は役所に激しいクレームを行い、自分と担当課と園長の3者での話し合いを要求してきました。園長は「会いたくない」という状態です。相談を受けた私はA園の園長に、「対応策を考えるシート」（108ページ参照）のC案を考えてくださいと伝えたのですが、「考えられない」とのことでしたので、私から、「まず最初にその保護者と担当課が話し合う、そのあと、担当課と園長が話し合う、最後に3者で話し合う」という提案を行いました。担当課と保護者の話し合いは行われましたが、その後数か月に至るまで3者での場は設けられていません。

　その間に私は、その市の公立保育園園長会の研修に呼ばれたので、席上、矢面に立っている園長を支えることを提案しました。その年限りで定年を迎える園長2名とA保育園の園長と同期の園長による3名でA保育園を応援するチームをつくったのです。保護者のクレームが始まったら、チームの誰かがすぐ応援にかけつけます。市の公立保育園全体でA保育園での問題を共有し、支えていく体制をとったのです。そうすることで、A保育園の園長も職員も精神的な余裕ができ、その保護者からのクレームに対して動揺しなくなっていくなかで、クレームも次第に減っていきました。今日まで大きなトラブルは起きていません。

　一方で、こんな相談経験もありました。

　保護者の抱える困難に寄り添うことでは評判の、ある社会福祉法人立の保育園です。何かにつけて理不尽とも思える要求やクレームを言ってくる保護者に対して、園長先生は何とか自分で抱え込んで解決しようとするのですが、次から次へとその保護者の要求はエスカレートしていきます。理事会から相談を受けた私には、「できないことはできない」と保護者に

伝えきれない園長先生の姿勢が、クレームを助長させていると思えました。そこで、「園長先生には休んでいただき、いったん代わりの方を据えたらどうでしょうか？」と提案したのですが、受け入れられず、結局しばらくしてその園長先生は体調を壊してしまいました。

　２つとも、私のように外部の人間に相談を持ちかけるわけですから、少し極端とも言える保護者対応の事例になるわけですが、こうしたケースが増えているのも事実です。保護者の「一方的な要求」にこたえていたら、相手はクレーマーになっていきかねません。だからといって「要求」にこたえなければ、コミュニケーションがとれません。正解は「こたえること」でも「拒否すること」でもありません。大切なポイントは、園や保育者が、保護者対応の主導権を握ることです。そのいくつかの試みを本書で提案させていただきました。

新しい「共育て」への模索

　私は仕事柄たくさんの保育園や幼稚園に伺うことがあるのですが、そこに少し居合わせただけで、何とも言えないほっとするような空気を感じる園があります。その場に自分が温かく受け入れられているということでしょうか。保護者にとっても安心できて居心地のいい園は、子どもにとっても職員にとっても居心地のいいところです。職員同士、保護者同士、職員と保護者同士――大人たちの間にお互いを受け入れ・支えあう信頼関係がつくられているのでしょう。そうした園の文化風土を築くために園長先生方はいつも先頭に立って心を砕いておられます。

　今回、この本づくりにご協力いただいた「子育て支援研究会」のメンバーのお一人は保護者との関係づくりで、次のような取り組みをしています。

- iPadで日中の保育の様子を写真や動画に撮っておき、お迎えの時にいつでも見てもらえるようにする。
- 園だよりに「おとなのコーナー」を設け、毎年テーマを決め（今年は「お父さんお母さんが小さいころ好きだった、心に残っている絵本」、昨年「おふくろの味」、一昨年「お国自慢」）、毎月何人かずつ原稿を寄せていただく。
- 保育参加はいつでもできるようにしてあり、パパ先生、ママ先生になってもらう。
- 毎月第４土曜日に自由参加でワークを行い、昼食にカレーや豚汁を食べる。（１月には地域の方も交えて餅つきを行う。）
- 保護者と職員（園全員）で子どもにかかわる大人たちが共に学び育ちあうことを主旨に「共に育ちあう講座」を行う。

　また、他のメンバーの園長先生は、「保護者の方が苦情でもなんでも、率直に言ってきてくれる園にする」と言われて、次のようなことを心がけておられます。

・毎日の保護者の受け入れを3段階で細やかに行う。朝、外玄関で用務さんが交通安全に気を付けながら挨拶して受け入れ、玄関では園長が一人ひとりにあいさつしながら受け入れる。最後にクラスでは保育者が子どもの体調や顔色に気を付けながら受け入れる。何か変わった様子があれば、どこかで気づくことができる。
・入園面接でこだわりや難しさが見られた保護者には、年度当初には職員みんなで声かけやあいさつもていねいにして、コミュニケーションを十分取るように気を配っている。そのことで保護者には、安心感や話しやすさをもってもらえる。
・クラスの情報はどんなささやかなことでも、日々園長や副園長に報告することで、事務所の側でもお迎え時に「おかあさん誕生日だったんですね〜！　おめでとうございます」等の声かけができる。子どもの体調やけがは当然だが、そのほかのことでも園全体で共有されていることを感じとると、保護者はより安心できるので、園長としてはクラス担任との日々のコミュニケーションを大切にする。

　ほかにも、「抱っこで朝の検温」をしている園長先生もいます。
　今の子どもたちはお母さんお父さんが忙しいことや、おじいちゃんおばあちゃんと一緒に暮らしていないことで、お膝に抱っこの心地よさを味わえていない子どもが増えています。また、園長や事務職、クラス担任をしていない職員は、子どもたちとかかわる時間が少ない。そこで、朝の検温の時間を通してスキンシップとコミュニケーションをとるようにしたそうです。園長先生は出張が入っていないかぎりこの役割を担います。登園して来たらクラスの部屋で荷物の準備を済ませてから親子で検温の部屋に来てもらい、「おはようございます」「行ってらっしゃい」と元気よく送り出しています。

　ここで紹介しきれませんが、研究会のメンバーの方々はどなたも、こうした丁寧な対応と様々に工夫した取り組みをなされてきています。今回、そうしたみなさんのご協力を得てこの本をつくることができたことに、心から感謝しています。
　この本をお読みいただいた皆さんも、きっと同じようにたくさんの努力をされているに違いありません。難しい判断が求められるケースが増えてきている時代ですが、園と保護者の「共育て」の原則は変わることがありません。仲のいい大人たちの関係に包まれて育つ子どもたちは幸せです。それは、健やかな育ちを保障するための、何にもまして大切な条件だと思います。
　本書が園長先生はじめ保育者の皆さんにとって、新しい「共育ての場」をつくるために、いささかでもお役に立つことを願っております。

2016年2月　　　　　　　　　　　　　　　　　　　　　　　　　　　　　　　新保庄三

おわりに

　2年前に、東京・神奈川・千葉・栃木の各地で園長をしている仲間と「子育て支援研究会」を立ち上げて学びあってきています。今保育園で起きている様々な課題を持ち寄って話し合うのですが、おもに保護者支援の課題を取り上げる研究会です。

　新保氏にスーパーバイザーになっていただき、それぞれの会員が体験した出来事を素材にして、気づきと対応を模索していこうということで行っています。そこでの学びを今回この本に生かすことができました。

　私が今、この仕事をしているのは、私自身1人の親として保育園に支えられて、子育てをしてきた経験があるからです。

　保育園は、子どもの最善の利益を考えるところであると同時に、保護者の方たちを支えるということも重要な役割だと思います。疲れ切った体を引きずるようにして帰ってくるお父さんやお母さんに「お帰り！　お疲れさま」「ただいま〜」「どうした〜疲れた顔して、少し休んでいけば〜」……かつて私の無認可保育園時代にはそんな声掛けがしょっちゅうでした。中には、「日曜日、仕事になっちゃった。見てくれる人いなくてどうしよう」「そっか〜。分かった。見ていてあげるよ」なんてこともありました。常に寄り添い合い、お互いに今できることをできる人が担う、そんな関係でした。

　どんな世の中になってもどんな時代になっても、そこに保育を求めるお父さんお母さんと子どもたちがいるかぎり、子育て経験のあるなしや保育士としての経験年数に関係なく、子どもたちの輝く未来を考える仲間として、お互いに支え合って歩いていけたらどんなに素敵でしょう。理想かもしれませんが、それが、保護者支援になるのだと思うのです。

　ただ、その時に個々の保護者の置かれた状況をいろいろな側面から考慮し、確かなノウハウを駆使して支援していくのがプロとしての役割なので、そのための支援力をつけていくことはとても大切なことだと思います。

　子どもを真ん中に、保護者と共に手をつないで歩いていく素敵な支援者になっていくために、この本がお役に立つことを願っております。私たちが日々保育現場で体験する様々な状況を想定し、そこへの備えと対応を、たくさんの人たちの知恵と力を合わせて提案した内容になっていると自負しています。

　刊行にあたって、協力してくださいましたひとなる書房の皆様をはじめ、「ほいくりえいと」の中村美也子さん、忙しい勤務の合間をぬって執筆・編集に協力していただいた子育て支援研究会のメンバーの皆様には心より感謝申し上げます。

「子育て支援研究会」代表　田中和子

新保　庄三（しんぽ　しょうぞう）

一般社団法人日本保育者支援協会理事長　子ども総合研究所代表　社会福祉法人土の根会理事長　武蔵野市保育総合アドバイザー他、各地自治体で保育アドバイザーとして研修・相談活動に従事

1946年新潟県生まれ。1970年保育・福祉の専門出版社を設立。1987年子ども総合研究所の設立に参加。新潟県上越市の世代間交流保育システム構築研究会顧問、長野県武石村の子育て総合アドバイザー、東京都東村山市健康・福祉審議協議会委員兼児童育成計画推進部会長、財団法人東京都助産師会館理事・評議員、東村山市花さき保育園園長等を経て現職。

執筆・編集協力　（「子育て支援研究会」の下記の方々にご協力いただきました。）

岩井　久美子（いわい　くみこ）　（株）ナチュラルスマイルジャパン　まちの保育園六本木・園長
片岡　慶子　（かたおか　けいこ）社会福祉法人白百合会　西川島保育園・園長
鈴木　八重子（すずき　やえこ）　文京区立　千石保育園・園長
田中　和子＊（たなか　かずこ）　社会福祉法人和康会　友里かご保育園・園長
廣岡　明美　（ひろおか　あけみ）柏市役所こども部保育運営課
矢野　久美　（やの　くみ）　　　公益財団法人武蔵野市子ども協会　境こども園・園長

（50音順　＊印は代表者）

装画／おのでらえいこ
装幀／山田道弘
本文イラスト／いとうみき　有栖サチコ　かまたいくよ

編集／ほいくりえいと（中村美也子）

園力アップSeries　1
保護者支援・対応のワークとトレーニング

2016年3月15日　初版発行
2021年8月20日　四刷発行

編著者　新保　庄三
　　　　田中　和子
発行者　名古屋　研一
発行所　㈱ひとなる書房
　　　　東京都文京区本郷2-17-13
　　　　広和レジデンス
　　　　TEL 03（3811）1372
　　　　FAX 03（3811）1383
　　　　Email：hitonaru@alles.or.jp
　　　　HP：http://www.hitonarushobo.jp

©2016　印刷・製本／中央精版印刷株式会社
＊落丁本、乱丁はお取り替えいたします。お手数ですが小社までご連絡ください。